Cómo superar el estrés
Neurociencias para la gestión emocional del día a día.

Pompilio A. García.

CÓMO SUPERAR EL ESTRÉS

Neurociencias para la gestión emocional del día a día.

.

Copyright © 2018

Pompilio A. García Oliveros.

Prólogo: © John Fredy Tabares P.

2da edición

www.vivirsinestres.org

© Ediciones Flor de Loto.

ISBN:
ISBN: 9781719854542

DEDICATORIA

A mi padre quien siempre fue un ejemplo de vida, apoyó mis estudios y falleció mientras escribía esta obra.

PRÓLOGO

No hay mayor satisfacción para una persona que lograr llevar una vida agradable, armoniosa, feliz. Y aunque la felicidad sea un concepto relativo, en buena medida la sensación de plenitud humana se produce por la seguridad emocional que se obtiene cuando logramos manejar adecuadamente los eventos externos que nos ocurren y controlar nuestras propias fuerzas interiores.

Superar el estrés es un propósito legítimo tanto si son las circunstancias, otras personas o nosotros mismos, quienes alteran nuestro natural estado de paz.

Pero también la noción de paz natural u originaria es controversial. Como si se tratara de un principio del caos que gobierna nuestras vidas (o al menos nuestra psique), el equilibrio de nuestro estado emocional y mental está constantemente amenazado desde distintos flancos. Pareciera como si el natural estado de paz no lo fuera tanto y como si lo real fuera la confusión, los conflictos, el estrés. Parece que tuviéramos que luchar por ordenar ese estado caótico buscando construir un difícil estado de calma, de tranquilidad y sosiego emocional.

En fin, *"Cómo superar el estrés"* nos lleva en sus páginas a una reflexión respecto a este tema, regalándonos un recorrido por el pensamiento de autores milenarios pero también clásicos y modernos, y entregándonos, al final, un método que aunque no pretende crear un nuevo procedimiento revolucionario, recoge y ordena las técnicas antiguas y actuales, dándole un cuerpo que nos permita entender mejor el conocimiento conceptual y procedimental que el ser humano ha elaborado hasta hoy frente al estrés.

Más allá de ser un libro que haga recuentos teóricos o de técnicas antiestrés (que de hecho lo hace), su principal aporte está en el abordaje, *primero*, de uno de los términos que ha tomado vigencia en el mundo moderno y de su incidencia en los estados emocionales del ser humano: los hábitos y las consecuentes respuestas biológicas, fisiológicas y psicológicas en el organismo; y, *segundo*, precisamente en la sensata y oportuna tarea de elaborar una síntesis de toda aquella herencia que gurús e investigadores nos han dejado sobre el tema, para terminar entregándonos un método sintético que extrae lo esencial de cada uno, el zumo de las más eficaces técnicas antiestrés a lo largo de la historia.

En resumen, *"Cómo superar el estrés"* sintetiza con rigor científico los principios fundamentales de las prácticas contemplativas, el diálogo interno, la integración de la conciencia y la conexión con el ser interior, para convertirlo en un método de perspectiva bioenergética y transpersonal: técnicas milenarias de unificación y expansión de la conciencia con el rigor científico de la cultura occidental.

Sin más, queda sólo disfrutar de esta obra que no por breve y clara, deja de recoger juiciosamente una sabiduría ancestral al servicio de los congéneres de hoy.

John Fredy Tabares
Psicólogo
Experto en Inteligencia Emocional.

PRESENTACIÓN

¿Merece la pena vivir la vida? Todo depende del vividor.

William James

¡Felicitaciones y bienvenido a este paso que has dado en tu proceso de sanación personal!

Has llegado aquí buscando alivio a una serie de situaciones que te agobian, angustian e irritan. Y que a largo plazo, te agotan y enferman.

Por eso las siguientes recomendaciones te conducirán hacia el estado de sanación emocional que necesitas y quieres. Este libro pretende orientarte en este camino inicial, y tu entusiasmo y constancia te llevará a un estado que para ponerlo en términos ambiciosos es semejante al del nacimiento. Esto es; un estado de libertad de las cadenas del pensamiento y de las vivencias destructivas de los altos niveles de ansiedad y estrés.

Para lograrlo se te   enseñará un método de reparación energética, muy sencillo que puedes practicar diariamente y te ayudará a equilibrar tu energía y sanar emociones relacionadas con el estrés.

En las siguientes páginas, recibirás una guía hacia una mejor calidad de vida y aprenderás a procesar ciertas situaciones que te generan angustia y malestar. Así podrás sanar emociones destructivas y empezar a disfrutar la vida, de un modo más productivo y funcional.

Notarás estos beneficios en solo unas semanas de práctica continua, de un sencillo método de integración y activación de la propia energía vital, que te ayuda a eliminar los bloqueos que generan desgaste, ansiedad y enfermedad.   Este método aprovecha los estados de reparación natural del organismo humano, para llegar a lo profundo del sistema nervioso central, limpiarlo de las codificaciones negativas o destructivas e integrarlas en un estado más adecuado del ser.

También te daré un protocolo de acción, para la aplicación de algunas de estas herramientas en situaciones complicadas de tu vida cotidiana.

En este libro daremos indicios de una técnica de sanación profunda, que permite ir directo al sistema nervioso central y producir la limpieza del estrés acumulado a lo largo de nuestra vida. Lo cual creemos es el mejor modo de abordar   tal problemática. Es un sencillo sistema, fruto de la síntesis comparada de antiguas técnicas de sanación natural con herramientas de las neurociencias y la psicoterapia actual.

Sin embargo, el énfasis de la obra estará en la promoción de un estilo de vida coherente con las técnicas enseñadas, el cual logra profundizar los efectos de calma mental y corporal; como protección para no explotar en una crisis de estrés.

Por lo cual, antes de empezar con las técnicas en sí, ofrecemos algunas recomendaciones de actitudes que pueden entrar en el campo de lo psicológico y de las cuales hablaremos más adelante en el apartado de actitudes para tener mayor energía vital. Dicha promoción del estilo de vida, va al final del libro, y como acabo de mencionar es importante recordar que es la base para el éxito de las técnicas enseñadas.

En la primera parte del libro, veremos algunas características del estrés y algunas reflexiones sobre el estilo de vida que nos libera del mismo.

Pero si usted es impaciente y quiere ir a la práctica de inmediato, le recomiendo que vaya directo a la parte dos del libro. Esta segunda parte es la aplicación de los métodos que nos van a permitir liberarnos de las consecuencias destructivas del estrés.

Y en caso de que usted ya conozca los métodos de la

segunda parte, le recomiendo ir a la parte tres que es donde presentamos nuestra propia metodología de aplicación de neurocódigos para la gestión del estrés, de un modo simple y directo.

Al final en el apéndice va una explicación más biológica de las manifestaciones orgánicas y neurológicas del estrés, al igual que unas recomendaciones de uso de esencias florales para sanar el estrés y la ansiedad; esta parte antes iba en el segundo capítulo del libro, pero lo hacía muy denso para personas que no les interesa las explicaciones médicas del fenómeno, pero aún permanecen como apéndice para quienes deseen conocer más esta parte biológica del estrés.

El método principal que promovemos en este libro y las correspondientes recomendaciones para complementar su práctica, permiten afrontar el agotamiento y la tensión que caracterizan al estrés. Sus efectos se evidencian en una nueva percepción de la vida, con mayor disfrute, salud y productividad.

Es una síntesis de métodos contemplativos y técnicas de integración de la conciencia, vistos de la mano de la medicina contemporánea, que ofrece sofisticados sistemas de estudio e intervención sobre el sistema nervioso, en especial las neurociencias.

Con esto se pretende de una manera práctica de aplicar los beneficios de dichas técnicas para sanar un asunto en específico, el estrés y la ansiedad.

Así pues, la propuesta del método de sanación del sistema presentado en este libro es una salida bioenergética y transpersonal. Esta salida tiene en cuenta las leyes de producción y transformación de la energía. Y cómo esta perspectiva es netamente experimental; lo que les voy a expresar va a ser un recuento de mis experiencias con el estrés y la aplicación de distintas herramientas para procesarlo y los beneficios que he obtenido en mi vida y en la de las personas que he atendido.

Vivir sin estrés es una meta posible de lograr, a pesar de lo inevitable que éste resulta para todo ser humano. Aunque el mero hecho de existir nos pone en situaciones frustrantes y agotadoras, que abonan el terreno para el desarrollo de este reconocido mal.

Con esta obra pretendemos contribuir a un proceso de educación emocional y sanación personal, bien promovida en nuestra época. Pues son muchas las propuestas integradoras de herramientas ancestrales con la ciencia contemporánea, que actualmente nos presentan libre de todo dogma religioso, prácticas efectivas para serenar la mente y sanar el organismo.

Propuesta integradora que compartimos en este libro, tratando de explicar en términos científicos y de fácil acceso al público, herramientas antiguas, con efectos comprobados sobre el sistema nervioso y la salud.

De ahí que, aunque el estrés es natural y necesario para motivar respuestas de adaptación y supervivencia; abusar de él es tanto una imposición del medio como una elección propia de vida. Por ello saber cómo se manifiesta el estrés en nosotros y cuánta capacidad de resistencia ante este tenemos; es un paso útil para mejorar nuestra calidad de vida. Pero más importante aún, es practicar un sistema que vaya a lo profundo del sistema nervioso central y elimine profundamente el estrés y sus secuelas.

Por ello esta primera parte del libro, que termina en siguiente apartado; se presentan las bases del sistema aquí propuesto, junto a una descripción médico-psicológica sobre las causas, síntomas y respuestas del estrés.

La segunda parte es de carácter netamente práctico y ofrece una propuesta para utilizar la energía que convertimos en estrés, en una palanca para impulsar la satisfacción y bienestar en nuestra vida.

Esta propuesta se compone, tanto, de una presentación de distintas técnicas que desde diversas tradiciones y estudios se han desarrollado para enfrentar la tensión y el agotamiento, como de algunas recomendaciones sobre el estilo de vida que conviene llevar para alejar el estrés de nuestra realidad vital.

En el transcurso de este libro usted recibirá estrategias prácticas y elementos teóricos para permitir a su sistema vital funcionar de manera acorde a sus cualidades naturales. La propuesta va a intervenir tanto los efectos físicos como los psicológicos y emocionales del estrés. De este modo restablecerá la armonía del proceso natural de sanación integral del que dispone todo organismo.

Con esto se pretende que usted elimine toda tensión del cuerpo, aprenda a procesar energías destructivas, Equilibrar pensamientos y logre anclarse más en el presente.

Para esto vamos a hacer uso consciente de la reparación que produce un buen dormir y de este modo esperamos que se noten los primeros beneficios en una mejora del sueño y el descanso, logrando que este cumpla su papel reparador en usted, luego irá notando otros efectos como una sensación de tranquilidad continua, una disminución del enojo y la frustración, mejor capacidad de concentración entre otros.

Así que ponte cómodo y empieza este viaje de sanación interior.

PRIMERA PARTE
APROXIMACIÓN AL ESTRÉS

Capítulo 1

Entendiendo al estrés.

El estrés es causado por "estar aquí" pero querer estar "allí".-Eckhart Tolle.

En un día ordinario enfrentamos toda clase de situaciones. Algunas de estas nos resultan agradables  y estimulan nuestra satisfacción de vivir, otras nos causan malestar y afectan nuestras expectativas de felicidad. En cualquier momento podemos encontrar una excusa para quejarnos del mundo, porque éste parece empeñarse en ser difícil con nuestros gustos y necesidades.

Luego reprimimos estas emociones y pensamientos de insatisfacción, cuya energía continúa presente en nuestro organismo, aunque en apariencia están ausentes de la conciencia; pues las hemos reprimido y continúan ejerciendo presión desde el inconsciente, lo cual produce una constante tensión y por ende agotamiento. Y el agotamiento es, como veremos luego, la característica principal del estrés.

A nivel inconsciente se dan unos impulsos que nos dominan y fundamentan el eje básico de pensamientos y emociones que hacen parte de la cadena de disgustos, tensiones y culpas que día a día, nos roban energía vital, nos quitan el sueño y hasta se presentan como obstáculo en nuestras metas y esperanzas.

Así pues, las emociones reprimidas y la frustración impulsan el florecer de sentimientos de rencor, hacia sí mismo y hacia el mundo. Son un torrente de energía negativa, colapsando contra nuestro sistema de representación social y moral, igual a un cortocircuito neuropsíquico; por donde se dispersa gran parte de nuestra fuerza vital.

De ahí, que la debilidad y el agotamiento sean factores comunes de esta civilización. Nuestro estilo de vida actual consume mucha energía que ya no se puede recuperar. Y son la base social de la tensión y la ansiedad.

Entonces esta debilidad, junto a la mencionada carga de insatisfacciones y tensiones, nos puede llevar a una crisis emocional. Explotamos en cualquier momento y ante motivos que quizá sean insignificantes. Reconocemos que hemos tenido un día difícil en el trabajo o que nuestra relación de pareja tiene dificultades, quizá muchas deudas nos quitan el sueño, y tantas otras presiones, nos llevan a aceptar que padecemos algunos síntomas de estrés.

Esta ansiedad es una necesidad o inquietud por descargarnos de ese plus de energía adicional que hemos adquirido en el día a día. Pero es una energía en desorden que puede ser destructiva y por eso buscamos formas de descargarnos de ella, para sentir de nuevo equilibrio.

De ahí que una persona con altos índices de estrés destructivo o distrés, asume conductas compulsivas con la falsa idea de que la van a "relajar", pero lo que se logra es agregar más tensión a la tensión. Entonces buscan escapismos para lidiar con esa energía incómoda, con medidas de acción "rápida" pero dañina.

Por eso fuma, toma bebidas tóxicas o licor para "des estresarse" tienen prácticas sexuales desordenadas, duermen poco, son sedentarias, se alimentan mal, no meditan, escuchan música todo el día, se enferman con facilidad.

Estas conductas son como el abono en los surcos que han abierto situaciones conflictivas, las cuales echan raíces en nuestra personalidad y generan esas crisis de estrés, que justo ahora queremos sanar.

Dichas situaciones son acumulables y llegan a producir, en algún momento distintas alteraciones de nuestros organismos. Entre estas alteraciones que podríamos llamar "psicosomáticas" o "somatoformes", puede aparecer el estrés como una de las más leves. Pero esto sólo es por su baja capacidad para producir incapacidad médica inmediata. A largo plazo el estrés se asocia al origen y desarrollo de las más graves afecciones orgánicas, tanto a nivel directo como indirecto.

Pero además de sus manifestaciones fisiológicas y psicológicas, el estrés negativo afecta todo tipo de relaciones sociales, dejando graves consecuencias en el trabajo, familia, vecindario y pareja.

En esos momentos es posible que hagamos cosas de las cuales nos arrepintamos luego. Perdemos el control de nosotros mismos y tal vez se afectan relaciones que valoramos mucho. Nuestras emociones colapsan, surgen sentimientos y actitudes desconocidos, descubrimos que estamos desperdiciando lo mejor de nuestra vida. Y entramos es una crisis de ansiedad.

Es cuando tomamos conciencia de esto que buscamos ayuda, acudimos donde algún amigo o a un profesional. Lo que más se quiere en este estado, es tener una buena compañía, que nos haga sentir bien, alguien que nos escuche o consuele. Y expresamos nuestro ferviente deseo de eliminar todo el estrés que hemos acumulado y nos está destruyendo.

Y aunque este es uno de los mejores remedios contra el malestar emocional, que muchas veces no empleamos. También se puede optar por una ayuda más íntima, acudiendo al poder sanador de nuestro ser interior.

En nosotros mismos se haya el mejor punto de apoyo para nuestras dificultades nerviosas y emocionales. Estamos hechos de paz y amor; poseemos una esencia luminosa que todo lo sana; sólo falta saber cómo ahondar en nuestro ser, para encontrar tal salud y bienestar. Es un camino hacia el interior que en apariencia no es fácil de hallar.

Sin embargo, como se va enseñar en este libro, no se puede vivir sin estrés como tal, por ser una respuesta de adaptación a los estímulos del exterior, vital para la supervivencia; pero podemos utilizarlo de un modo que nos ayude a vivir mejor con nosotros mismos y con nuestro entorno.

Son estas huellas de tensión, las que producen el malestar que denominamos estrés y son las que pretendemos remover con las técnicas que empleamos en este libro y nuestros programa de vivir sin estrés.

En las técnicas que vamos a enseñarte en este manual, se darán tanto recomendaciones para empezar a eliminar el exceso de toxinas, provocadas por el sistema nervioso simpático, como herramientas para apaciguar los pensamientos destructivos que acompañan al estrés y equilibrar las emociones. Esto repercutirá en un mejor nivel de vida, notando sus primeros efectos en pocas semanas.

Con este trabajo se pretende introducirte en una sencilla práctica para lograrlo, así como favorecer la reflexión sobre el estilo de vida que lo facilita.

A lo largo de la obra pasaremos revista a distintas actitudes y hábitos que generan tensión y desgaste del sistema nervioso; y que son terreno fecundo para el surgimiento del estrés y sus secuelas.

También, se brindan instrumentos que facilitarán la identificación de factores estresores y sus manifestaciones en nosotros. Además se ofrece una actualización del conocimiento científico; médico y psicológico; sobre el tema, que te ayudarán a entender con claridad en qué consiste el estrés y cuál es su naturaleza.

A lo largo de este libro, estudiaremos, distintos modos en que este fluir energético natural de nuestro organismo se ve entorpecido principalmente por procesos mentales, alejados de la realidad de nuestro ser y que generan distintos malestares, entre ellos el estrés destructivo y sus secuelas.

Como es importante entender que es el estrés para poder tomar consciencia de su naturaleza, empezaremos por la definición oficial del término: validado por la comunidad científica internacional. Presentamos sus principales características, manifestaciones orgánicas y psicológicas del mismo. También daremos unas técnicas y recomendaciones para aplicar en el día a día.

Entonces ¿qué es el estrés?

El estrés no es más que una enfermedad mental socialmente aceptada.

-Richard Carlson.

De alguna manera, todos tenemos una idea de lo qué es el estrés. Cualquier ser humano ha sentido su peso y aunque no haya escuchado una definición formal del término, entiende de qué se trata cuando se lo mencionan.

Lo primero que se nos ocurre es pensar en un estado de suprema tensión que nos incapacita para afrontar situaciones cotidianas y necesarias a nivel social, laboral o emocional. Por ello decimos: "tal o determinada situación me tiene estresad@", "tal persona me estresa", etc. Y no es de extrañar que una búsqueda en internet nos indique que este tipo de situaciones son agentes causales del estrés.

Y aunque esto es cierto, no define la situación como tal, diremos que el estrés es ante todo una señal de que algo sucede en nosotros. De hecho es un mecanismo de supervivencia que activa el sistema de alerta de cualquier organismo ante una amenaza o algún estímulo del medio. Este estado de alerta nos prepara a luchar o huir de modo automático para sobrevivir.

El término estrés fue acuñado por Hans Selye en los años 30, quien extrajo este término de la arquitectura (del inglés *stress*, 'tensión') y se relaciona con la capacidad que tiene un puente o estructura para soportar tensión.

Entonces el término se refiere tanto a la tensión como a la capacidad de resistencia de una estructura. A nivel biológico este término se ha utilizado para indicar aquella respuesta de supervivencia que tiene cualquier organismo ante una situación inesperada.

Selye percibió en sus pacientes, la presencia de los mismos síntomas a pesar de padecer distintas enfermedades. Estos síntomas eran: cansancio, pérdida del apetito, bajada de peso y astenia, entre otras. Por ello, Seyle llamó a este cuadro clínico *"el síndrome de estar enfermo"*. Luego, en 1950 publicó su investigación: *"Estrés. Un estudio sobre la ansiedad"*. Y describe así al trastorno que nos ocupa en esta obra; como "el conjunto de reacciones fisiológicas desencadenadas por cualquier exigencia ejercida sobre el organismo, por la incidencia de cualquier agente nocivo llamado "estresor".

Por esto, el estrés en sí no es malo; es una reacción natural de todo organismo, para responder a las demandas del entorno, principalmente ante las amenazas, conocida como "reacción lucha huida"*, o "síndrome de adaptación"** que es una respuesta de los vertebrados ante un eventual peligro, donde reaccionan con una descarga general del sistema nervioso simpático, preparándolos para luchar o escapar.

Más concretamente lo que sucede es que se activan las áreas más primitivas del cerebro, llamadas "cerebro de reptil", como la amígdala y, se activan ondas Gamma o de alta frecuencia, que ponen en estado de alerta a todo el organismo.

Al estar el cerebro sobreactivado; la glándula suprarrenal, descarga hormonas liberando adrenalina, noradrenalina y cortisol, que son las llamadas hormonas del estrés. Estas hormonas generan una sensación de tener más energía, activan nuestro cuerpo y nos permiten atacar o abandonar, dependiendo del estímulo recibido.

Este mecanismo y el conjunto de interacciones entre glándulas, hormonas y elementos del cerebro medio, en especial la amígdala, finalmente convergen a la región del hipotálamo. Esto es más complejo e incluye la liberación de ACTH de la glándula pituitaria. A este sistema se le conoce como Eje hipotalámico-hipofisario-adrenal (Eje HHA).

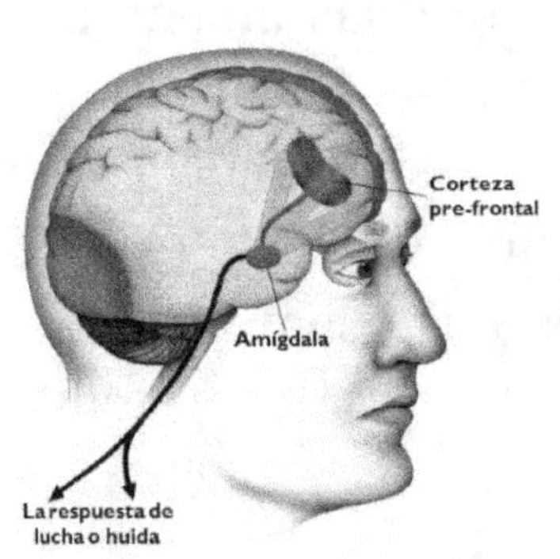

Muchos organismos, desde los seres humanos hasta los más primitivos comparten componentes del eje HHA. Es por medio del Eje hipotalámico-hipofisario-adrenal, que el sistema nervioso simpático activa el estado de alerta y hace que el corazón se agite, se ericen los vellos, se dilaten las pupilas, se acelere el ritmo de respiración.

Así pues, Cuando una situación se percibe como amenazante o estresante, el eje HPA se activa poniendo en marcha una cascada de sucesos hormonales. Preparando al organismo a reaccionar, sea huyendo o atacando

Luego de un tiempo prudencial, luego de que el peligro haya pasado, entra en acción el sistema nervioso parasimpático para devolver el organismo al estado de normalidad. Pero la acción del sistema nervioso parasimpático es más lenta que la del simpático, por lo cual tras cada episodio de tensión quedan huellas en nuestro organismo de lo sucedido.

Eje hipotalámico-hipofisario-adrenal (HHA o HPA)

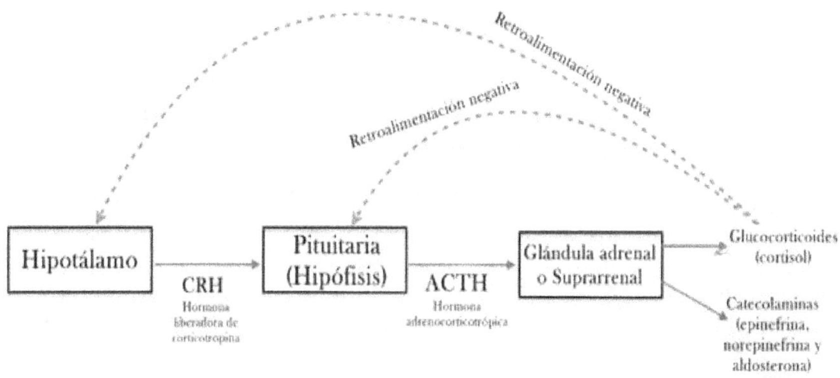

Con el advenimiento de la vida cómoda, estos peligros de la naturaleza pasaron a segundo plano, pero no desaparecieron estas reacciones. Aún se siguen produciendo principalmente por efectos del pensamiento, las amenazas y exigencias que la organización social nos producen en el día a día.

Pues la vida hoy se ha convertido en un proceso muy distinto, los peligros son más culturales y menos naturales que al inicio de nuestra civilización. De esta forma la imaginación sigue creando temores, y miedos ante los cuales reaccionamos, logrando que los efectos de estas produzcan sensaciones iguales a las de amenazas reales, que desencadenan iguales reacciones y sus manifestaciones neuroquímicas.

A esto le sumamos, delincuencia organizada, los terremotos y tsunamis entre tantos eventos que generan incertidumbre.

Así pues, en la vida cotidiana nos enfrentamos a estímulos que percibimos como amenazadores y activan dicho mecanismo, inundando nuestro organismo de neuroquímicos, como el cortisol, que de manera natural debería preparar nuestro organismo para enfrentar al estímulo agresor o buscar refugio.

Las circunstancias externas despiertan nuestra importancia personal y conflictos (mandatos familiares, ambiciones excesivas, prejuicios, vivencias de humillación, inhibiciones nunca superadas, etc.) y estimulan los mecanismos fisiológicos del eje hipotálamo-hipófisis-suprarrenales, preparándolo física y psicológicamente para actuar o decidir -cotidianamente- sobre nuestras circunstancias (área laboral, afectiva, etc.).

Como consecuencia, estamos contaminados de manera exagerada, con los residuos de dichas emociones y neurotransmisores que nuestro organismo y mente no son capaces de procesar y nos mantienen en un estado de alerta continuo que nos agota y enferma.

Pero el ciclo natural de acondicionamiento también se ha perdido, logrando que estemos en dicho estado de alerta continua, intoxicando nuestro organismo, y sus músculos, con los neuroquímicos del estado de alerta. Y como la recuperación de dicho estado de alerta es más lenta, las tensiones provocadas por peligros reales e imaginarios se van acumulando y generan lo que se llama el estado de resistencia; donde el estrés es más del que podemos soportar, entonces nuestros recursos internos son insuficientes para afrontar esas situaciones y colapsamos.

Según lo dicho hasta el momento, el estrés no es una enfermedad, es una reacción natural del organismo para la supervivencia. Tampoco podríamos decirlo de las respuestas iniciales que damos ante él, pero lo que deviene en enfermedad es la "reacción personal", desproporcionada ante tales situaciones. Es luego del abuso y falta de gestión de esta reacción, que se torna problemática.

Porque no estamos en una selva; pero tenemos esa sensación. Sentimos que todo es cuestión de supervivencia. Estas vivencias de nuestras circunstancias, las sentimos como que requieren un desempeño mayor a lo habitual.

Por ejemplo ante la concreción o fantasía de perder un empleo, ante momentos decisivos en el trabajo y estudios, frente a cuestiones matrimoniales, o cuando estamos inmersos en un profundo sentimiento de soledad, ante peripecias con los hijos, o quiebras financieras o temáticas bancarias, etc.

El estrés es un estado de alerta, una señal un indicio de algo más. Algunas veces de un peligro, alguna incomodidad externa al sujeto. Otras pueden indicar el inicio de un malestar o afección del organismo, el cual puede devenir en enfermedad.

Abusar de esta tensión natural es ya, algo más cultural, y puede ser tanto una imposición del medio como una elección propia de vida. Por tanto sus secuelas y enfermedades son una opción a tomar. Pero esta elección es inconsciente y por eso en su mayor parte se nos sale de control. De ahí que por nuestra poca capacidad para lidiar con las tensiones que se generan en este proceso, se desencadenan otras situaciones desgastantes que según su intensidad se le han denominado "estrés negativo", "distrés" y "bournout".

Estos últimos niveles de estrés, ya no son naturales, pues son el resultado de un continuo esfuerzo de los sistemas de adaptación del organismo, generando desgaste de energía vital por lo que llegan a ser patológicas y agentes de muchas otras enfermedades.

Tabla 1

Cambios Fisiológicos Durante la fase de Alarma

Aumenta:	La frecuencia cardíaca	**Aumenta:**	La dilatación de pupilas
Aumenta:	La presión arterial	**Aumenta:**	El metabolismo
Aumenta:	La respiración	**Aumenta:**	El azúcar en la sangre
Aumenta:	La sudoración y lagrimación	**Aumenta:**	La coagulación de la sangre
Disminuye:	La secreción de saliva	**Aumenta:**	La contracción de bazo
Aumenta:	La erección de los vellos	**Aumenta:**	La constricción de los vasos sanguíneos en lso órganos abdominales y piel
Aumenta:	La actividad mental		

A este estrés que nos permite reaccionar ante las distintas circunstancias de la vida y que consideramos favorable y natural, se lo ha denominado "eutrés", o "estrés bueno" porque es aquel   que nos induce a la acción. Así el cerebro se mantiene atento e interesado y se produce energía para un esfuerzo sostenido. Las distintas sustancias neuroquímicas que se liberan en este proceso, en especial la adrenalina, tienen como función la motivación. Pero antes de esto, el estrés aún no es agente nocivo, sino; como veníamos diciendo; un sistema de adaptación del organismo a los estímulos del ambiente.

Esto se torna problemático luego que esta tensión se acumula y pierde su condición natural; se hace crónica y afecta la salud general del sujeto.

El otro tipo de estrés; que caracterizaríamos de negativo y que es al que comúnmente nos referimos; cuando hablamos de estrés; es llamado más adecuadamente "distrès" para diferenciarlo del estrés natural al que nos venimos refiriendo. Es de este estrés destructivo o "distrès" del cual nos ocuparemos en el resto del libro para ofrecer una ayuda para quien lo padece.

Según lo dicho antes, superar el estrés es un reto que afrontamos los humanos de hoy en día sin distinción de ningún tipo. Para algunos, esta vivencia será una carga de tensión adicional, pero para otros será un asunto tan complejo que puede afectar el desempeño cotidiano y hasta devenir patológico o asociado, según distintos médicos, a alguna otra enfermedad.

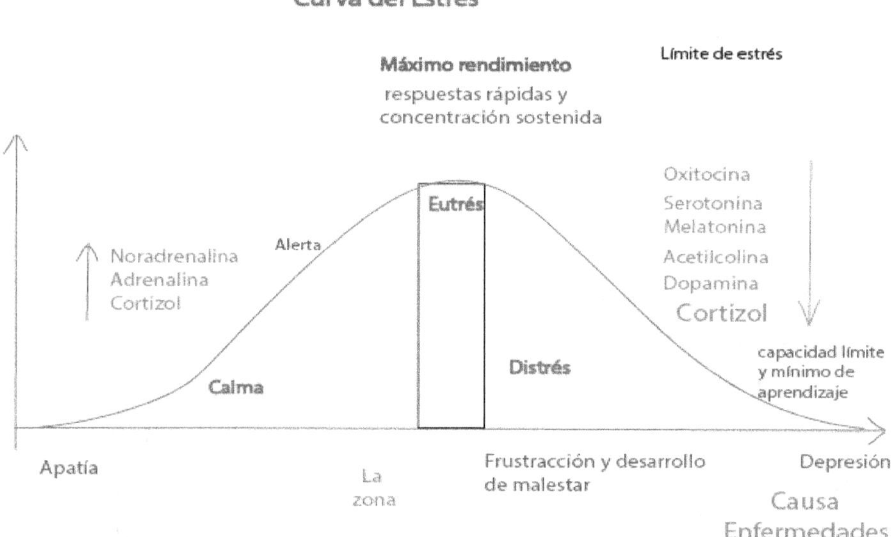

Por tanto "superar el estrés" en medio del estrés es totalmente posible y necesario para quien quiera llegar a una vejez saludable y dichosa, a pesar de años de enfrentar un mundo cada vez más caótico y confuso.

A pesar de lo difícil que parezca alcanzar el humano propósito de vivir sin estrés, no es una meta imposible, solo hay que animarse a asumir un estilo de vida que incorpore ciertas creencias para el uso adecuado de nuestra propia energía vital.

Esto se consigue con la práctica regular de técnicas tanto ancestrales, como modernas, que se han vuelto populares en los últimos años y de las cuales haré una breve presentación en esta obra, resaltando sus efectos en común en la terapéutica del estrés.

El estrés destructivo.

El estrés debería ser una fuerza poderosa conductora, no un obstáculo.

-Bill Phillips.

Conceptualizando lo dicho hasta ahora, tenemos que el estrés es una respuesta natural y necesaria para la supervivencia; favorable para la conservación del individuo y la especie, a pesar de lo cual hoy en día se confunde con una patología. Esta confusión se debe a que este mecanismo de defensa puede acabar, bajo determinadas circunstancias y ciertos modos de vida, desencadenando problemas graves de salud.

Por ello al momento de definir al estrés, es necesario diferenciar el simple estrés o "eutrès" que es natural a la existencia, del "estrés "común del que la gente se queja mejor llamado "distrés" por su carácter destructivo y artificial. Pero lo importante aquí es distinguir la capacidad de cada persona para sentir sus efectos y lidiar con estos, o "Reaccionar al estrés". Por tanto el estrés incluye 'distrés', con consecuencias negativas para el sujeto sometido a estrés, y 'eustrés', con consecuencias positivas para el sujeto estresado.

Cuando la respuesta del sujeto al estrés no favorece o dificulta la adaptación al factor estresante, hablamos de distrés. Por poner un ejemplo: cuando un depredador nos acecha, si el resultado es que corremos, estamos teniendo una respuesta de eustrés (con el resultado positivo de que logramos huir). Si por el contrario nos quedamos inmóviles, presas del terror, estamos teniendo una respuesta de distrés (con el resultado negativo de que somos devorados).

En ambos casos ha habido estrés. Se debe tener en cuenta además, que cuando la respuesta de estrés se prolonga demasiado tiempo y alcanza la fase de agotamiento, estaremos ante un caso de distrés. Por eso más que hablar de estrés como tal, lo acertado es considerar que las reacciones al estrés son diferentes en cada persona y generadas por motivos distintos.

A medio plazo, este estado de alerta sostenido desgasta las reservas del organismo, debido a la sobrecarga de tensión y puede producir diversas patologías (trombosis, ansiedad, depresión, inmunodeficiencia, dolores musculares, insomnio, trastornos de atención, diabetes, etc.)

Algunos ejemplos son los olvidos (incipientes problemas de memoria), alteraciones en el ánimo, nerviosismo y falta de concentración. En las mujeres puede producir cambios hormonales importantes como hinchazón de mamas, dolores en abdominales inferiores entre otros síntomas.

Otras reacciones ante un exceso de estrés pueden ser: Insomnio, Cansancio, Abuso del alcohol y del tabaco, Abuso de medicamentos, tranquilizantes, Abuso de estimulantes (café, otros), Consumo de drogas, debilidad inmunológica, Enfermedades cardiovasculares. Trastornos digestivos, gastritis, úlceras, Anorexia, bulimia, Pérdida de concentración y de memoria. Bajo rendimiento laboral. Agresividad. Disfunciones sexuales.

El estrés crónico está relacionado con los trastornos de ansiedad, que es una reacción normal frente a diversas situaciones de la vida, pero cuando se presenta en forma excesiva o crónica deviene en "Distrés" que si es una enfermedad y puede alterar la vida de las personas, siendo aconsejable en este caso consultar a un especialista.

De otro lado, dicho "estrés crónico" es uno de los más frecuentes motivos de consulta psicológica y médica, por lo cual podría decirse que se trata de una queja universal, pues se ha demostrado que los niños, los animales y hasta las plantas lo padecen.

Por ello en esta obra distinguiremos el estrés natural del estrés destructivo, donde vivir sin estrés de manera literal sería "no estar vivo". Aunque querer superar el estrés es un deseo totalmente aceptable. Deseo que científicamente sea posible de lograr, tras aprender a lidiar y procesar ese caudal de estrés negativo que llevamos a cuesta y del cual cada día obtenemos más.

Esto se enfatiza si contemplamos que el estrés negativo, además de ser el gran mal de la época contemporánea, es el primer obstáculo que encuentra el ser humano actual para lograr ese anhelo íntimo de ser feliz. Y nos separa de nuestras metas de crecimiento espiritual y personal. Entonces superar el estrés es un paso necesario para el desarrollo personal.

Uno de estos tipos de estrés negativos es el llamado "bournot" o síndrome de quemarse por el trabajo. El término síndrome aduce a un conjunto de síntomas o trastornos que generan un cuadro clínico. Los estudios indican que este síndrome se da por el exceso de demandas laborales en alguien; con preferencia en trabajos relacionados con el trato de personas, como los hospitales y la educación. Produce una tensión tan extrema como para remitir la incapacidad médica de los afectados. Suele creerse que las enfermedades por estrés son la hipertensión, infartos, trastornos gástricos, alimenticios, úlceras, jaquecas, depresiones, suicidios, etc. O sea, sino todas, la mayoría.

Es tan grande la influencia negativa del estrés en

nuestra vida, que con sólo eliminar una pequeña parte de éste, logramos dar mayor armonía y sentido en nuestro existir. Por esto al final del libro dedicamos unas palabras al tema del estrés y la felicidad, pues el propósito principal de este libro es aportar al encuentro de la felicidad aquí y ahora.

A casi nadie se le enseña desde pequeños a gestionar las emociones, y menos las implicadas en situaciones de supervivencia e integridad personal. Por esto, con el transcurso de los años, estas experiencias se van acumulando, sumándose a las anteriores y se hacen mayores y más intensas. Esto nos dificulta la capacidad de procesar la energía destructiva que estas emociones conllevan; afectando nuestros estados de ánimo, salud física y relaciones ínter-personales.

Conocer las distintas reacciones al estrés, nos ayuda tomar conciencia de nuestras propias reacciones ante éste. Aunque la vivencia de dicho estrés es diferente para cada persona, y se manifiesta por distintos motivos, es tan común que es difícil que nos imaginemos una vida sin su compañía.

Reacción al estrés.

No es el estrés lo que nos mata, es nuestra reacción al mismo.

-Hans Selye.

Conceptualizando lo dicho hasta el momento sobre el tema; lo adecuado es entonces, hablar de "reacción al estrés" en lugar de "estrés" como tal; pues como vimos, necesitamos de ese estrés para nuestro diario vivir.

De hecho, se puede decir que el estrés es una señal de que se está vivo. Éste hace parte de nuestra existencia y resulta difícil vivir sin él; en especial de sus manifestaciones destructivas conocidas como "distrés" y el "bornout"; si carecemos del conocimiento apropiado para procesarlo y actualizar nuestra energía vital.

Sin embargo, como ya lo hemos planteado, se puede hablar de un estrés destructivo, que es agente relacionado con el origen o desarrollo de muchas afecciones. Estas afecciones generan a su vez señales de malestar que se suman a la tensión que se continúa acumulando en el día a día, que puede conllevar a esa crisis que equivocadamente llamamos "estrés".

Pero la manera en que se manifiesta dicha crisis y las causas de la misma son, como hemos dicho, distintas para cada persona. Por ejemplo alguien puede desarrollar estrés agudo ante la música a alto volumen de sus vecinos en las noches; mientras otros se arrullan con dicha música. De igual modo alguien que explota ante las presiones laborales, quizá soporte las continuas preguntas y travesuras de un niño que desespera a sus propios padres o viceversa. La personalidad, la historia y el estado de ánimo del momento, son factores muy importantes para la respuesta de estrés que cada sujeto da.

Recordemos que ante una situación de amenaza para nuestro equilibrio, el organismo emite una respuesta con el fin de intentar adaptarse. Y cómo esta respuesta se da, según las condiciones personales de cada cual; las cuales, tienen su origen en los límites de nuestra consciencia, creados por la personalidad.

Para algunas personas la sobrecarga de tensión que repercute en el organismo y provoca la aparición de enfermedades y anomalías patológicas que impiden el normal desarrollo y funcionamiento del cuerpo.

Otra cuestión importante son las creencias que se tengan acerca de las cosas. Una actitud positiva disminuye el índice de estrés, una actitud contraria, lo aumenta. La angustia, el miedo, la depresión o el exceso de preocupación son factores que hacen que la reacción de la persona hacia el estrés sea mayor. Por eso una forma para dominar el estrés es empezar por comprender qué es lo que nos afecta, y descubrir las actitudes y enfoques que debemos adoptar ante el mismo.

Así pues, cuando hablamos de 'reacción al estrés', estamos teniendo en cuenta la "reacción personal", de acuerdo a una historia afectiva, el modo singular de interpretar la realidad y a los antecedentes de enfermedades familiares y propias. Por ejemplo, habrá personas que reaccionan al estrés con un "estilo" cardíaco, hepático, tumoral, trastornos ginecológicos, o con diversas adicciones etc. Pues la respuesta siempre es particular porque es una expresión de nuestro ser hacia el entorno y hacia nosotros mismos.

Ahí está la explicación a la distinta reacción de cada persona ante similares acontecimientos; todos reaccionamos según nuestra manera de interpretar qué es agradable y qué molesto. Aunque objetivamente puede haber estímulos peligrosos y maltratantes, así como hay placeres universales, cada ser humano posee un sistema propio de definición inconsciente de tolerancia o rechazo de estímulos desagradables y de saciedad o inconformidad ante los placenteros.

De igual manera cada uno de nosotros tendrá una manera particular de expresar este malestar a partir de síntomas u otras reacciones.

Las variables que confieren a la personalidad las características que la hacen más resistente ante las demandas de las situaciones y que han recibido mayor atención, son aquéllas que hacen referencia a las creencias, ya que en su mayor parte son tendencias generalizadas a percibir la realidad o a percibirse a sí mismo de una determinada manera (Lazarus, 1991).

En general, se trata de un conjunto de creencias relacionadas, principalmente, con la sensación de dominio y de confianza sobre la realidad del entorno, que van desarrollándose a lo largo de la vida, y que están muy relacionadas entre sí. El núcleo de creencias de una persona incidirá sobre el proceso de estrés, modulando los procesos de valoración sobre las condiciones estresantes.

Por todo lo anterior, es útil reformularse la manera personal de reaccionar ante las tensiones inherentes al diario vivir. Porque de no hacerlo, estos conflictos que naturalmente nos demandan un plus de energía, se expresarán en una enfermedad reiterada.

Comprender el sentido específico de nuestra 'implosión' es una oportunidad para encarar estos problemas con mayor sabiduría de nuestra parte.

Con el inicio de la práctica de la propia observación de la conducta y los pensamientos, que será la primera técnica que se explicará más adelante, se empieza a tomar conciencia de algunas de estas señales en nosotros. Muchas de éstas parecen ser respuesta consciente para liberar algo de la tensión en nuestro diario vivir y otras obedecen a mecanismos involuntarios del organismo, sin embargo la causa es la misma: estrés excesivo.

Lo patológico del estrés.

Si crees que el problema está ahí fuera, para. Ese pensamiento es tu problema.
-Stephen Covey.

El estrés negativo o distrés, es un desgaste del sistema nervioso central, que llega incluso a afectar el sistema inmunológico, por lo cual somos más vulnerables a cualquier enfermedad luego o durante una crisis de estrés. Y como el estrés es acumulativo, su influencia crece cada día en nosotros.

Se puede decir que el estrés destructivo, es una gran epidemia contemporánea y responsable de un alto porcentaje de muertes "naturales" y violentas. Lo primero porque genera casi el 80% de las enfermedades detectadas por la medicina, entre ellas algunas mortales como el cáncer y apendicitis. Por otro lado, muchos homicidios, suicidios y accidentes de todo tipo se presentan en medio de una crisis de estrés.

Según se ha indicado en el apartado anterior, el exceso de estrés es un indicio o síntoma de algo que anda mal en nosotros. A su vez éste también emite señales de que se va a tornar en problema con

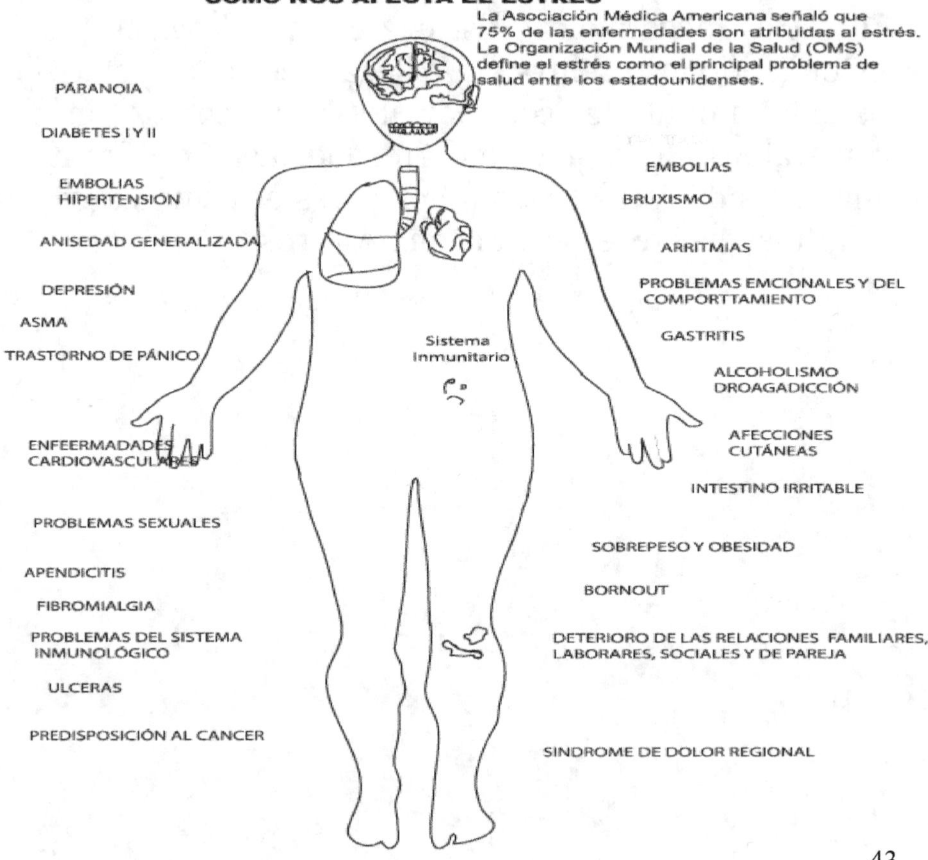

identidad propia y que va a requerir mucha atención para su solución.

De ahí que sea conveniente conocer la manera en que nuestro organismo nos empieza a avisar que está utilizando las reservas de energía vital y que empezará un proceso de alta tensión y agotamiento; que puede llevar a un colapso general del sistema.

El Dr. Paul Rosch, un científico y experto en estudio de este padecimiento, afirmó que el estrés es una de las razones principales para las enfermedades cardíacas, cáncer, lupus y problemas respiratorios. Experimentar estrés constante desgasta la mente y el cuerpo.

En la actualidad existe una gran variedad de datos experimentales y clínicos que ponen de manifiesto que la exposición continuada a situaciones de estrés (a niveles elevados de las hormonas del estrés) puede producir alteraciones considerables en el cerebro y distintos tipos de efectos perjudiciales en el sistema nervioso central.

Éstas incluyen desde modificaciones más o menos leves y reversibles hasta situaciones en las que puede haber muerte neuronal. Se sabe que el efecto perjudicial que puede producir el estrés sobre nuestro cerebro está directamente relacionado con los niveles de hormonas (glucocorticoides, concretamente) secretados en la respuesta fisiológica del organismo.

Aunque la presencia de determinados niveles de estas hormonas es de gran importancia para el adecuado funcionamiento de nuestro cerebro, el exceso de glucocorticoides puede producir toda una serie de alteraciones en distintas estructuras cerebrales, especialmente en el hipocampo, estructura que juega un papel crítico en muchos procesos de aprendizaje y memoria.

Cada vez son más numerosos los estudios que corroboran el papel que juega el estrés en el aprendizaje, la memoria y la toma de decisiones. Un estudio de la Universidad de California demostró que un estrés fuerte durante un corto período de tiempo, por ejemplo: la espera previa a la cirugía de un ser querido, es suficiente para destruir varias de las conexiones entre neuronas en zonas específicas del cerebro.

Esto es, un estrés agudo puede cambiar la anatomía cerebral en pocas horas. El estrés crónico, por su parte, tuvo en experimentos con ratas el efecto de disminuir el tamaño de la zona cerebral responsable de la memoria.

El estrés patológico es, en resumen, el resultado de un uso inadecuado de la propia energía vital y por ende un síntoma que expresa debilidad o desgaste del sistema nervioso central. De ahí que las manifestaciones de este sean de crisis nerviosas o explosiones emocionales que involucran el desempeño mental y social del afectado, que hoy día puede ser cualquiera y a largo plazo repercuten en nuestro organismo.

Al ser el estrés inherente a la vida; lo patológico será nuestra manera de reaccionar ante éste. Cada persona reacciona al estrés "a su manera" (por lo general, compartida por uno o varios miembros de la familia). De acuerdo a la propia biografía en su conjunto (incluyendo naturalmente la historia de enfermedades propias y familiares), cada persona reacciona "a su manera" frente al estrés inherente a las circunstancias.

De modo que, ante los mismos acontecimientos que requieren mayor energía, cada persona se posiciona de manera diferente, según el modo personal que cada cual tiene de interpretar la situación.

Los factores de riesgo están presentes en muchos aspectos de nuestra vida cotidiana, por eso es importante atenderlo a tiempo y evitar que nos coja ventaja.

Pero antes de continuar ofrecemos la primera técnica práctica de este manual, la cual te preparará para las técnicas específicas más profundas que se darán en la segunda parte del libro.

Técnica de reparación emocional 1

Si puedes cambiar tu mente puedes cambiar tu vida.

- William James.

Reprocesar las experiencias del día, es una técnica bioenergética para la redistribución de la propia energía vital, que se puede hacer de distintos modos, aquí enseñaremos la manera tradicional y nuestra propuesta con el uso del neurocódigo del corazón del centro de la tierra:

Al menos cinco minutos antes de dormirnos, repasamos mentalmente todos los asuntos vividos durante el día, representamos lo más fiel posible los hechos, las situaciones vividas, las emociones, sensaciones, palabras, gestos, los colores, las imágenes, los sonidos las formas, todo los detalles que pueda de cada instante.

Por ahora solo vamos a observar los acontecimientos, sin juzgar ni lamentarnos por lo sucedido. Con total desapego vamos a identificar patrones de comportamiento donde fuimos sometidos por algún capricho, deseo, u otras manifestaciones del ego y recordar nuestra actitud de ese instante.

Lentamente vamos a encontrarnos con nuestra propia verdad, que es como interpretamos los hechos. Pues existe una barrera que afecta nuestra interpretación de la realidad, nuestro ego, nuestro amor propio y nos creamos una visión para justificar nuestra postura e integridad y así nos engañamos diariamente justificando nuestras creencias.

Plantearnos la situación con otros posibles resultados, en especial aquellos que fueron estresantes, irritantes, autocomplacientes y que desgastaron energía vital o emocional e imaginar otra posible solución que se puede ejecutar en una situación semejante.

Devolvemos la energía emocional que hemos tomado de otros y recuperamos la energía perdida en aquella situación. Fomentamos así la sanación emocional. Liberamos los bloqueos ocasionados por un mal empleo de dicha energía y hacemos las paces con las personas y situaciones involucradas, retirando así el continuo desgaste emocional que aún producen en nuestro inconsciente aquellos sentimientos, aunque dicha experiencia se pierda en la niebla de los recuerdos, permanece activa en nuestra mente.

Para hacerla más efectiva podemos imaginar un corazón rosado u otro símbolo de sanación emocional, como una paloma blanca, un santo, etc y conectar con el energía amorosa de la sanación y reconciliación.

Nos contagiamos de esa energía emanada de aquel símbolo, lo cual acelera el proceso de sanación emocional de los eventos del día a día y que evita que se sumen a las heridas que traemos desde nuestra niñez y que aumentan cada vez más la tensión y ansiedad del diario vivir.

Esta práctica nos dará la disciplina y energía que requerimos para poder empezar el proceso de auto-observación necesario para la práctica de posteriores herramientas brindadas en este libro.

Esto a su vez nos facilitará entrar en niveles más profundos de nuestro ser, y que son protegidos fieramente por las defensas del autoengaño y el ego. Con la experiencia esta autobservación será un hábito y la harás de forma natural en cada momento, generando libertad de acción ante muchos eventos desgastantes del diario vivir.

Aspectos psicológicos del estrés.

No hay estrés en el mundo, solo gente creando pensamientos estresantes y luego actuando sobre ellos.

-Wayne Dyer.

Comprender la manera en que pensamos, nos ayuda a descubrir cómo proyectamos nuestra energía y el porqué de los sucesos que producimos. Esto de por sí es sanador y ayuda a dar consistencia a los caminos de la consciencia.

Para entender la psicología del estrés en nosotros debemos distinguir la respuesta física y específica del organismo ante cualquier demanda o agresión, ante agresores que pueden ser tanto físicos, ambientales o psicológicos.

Una característica fundamental del estrés, es tener la mente bombardeándonos con pensamientos intrusivos, todo el tiempo

Todo lo que hacemos es la base del diálogo interno que tenemos con nosotros mismos antes de dormir y fundamento de nuestros sueños o restos diurnos que llamaba Freud. Los actos son reflejo de nuestro inconsciente y a la vez los eslabones que configuran los pensamientos del día a día.

Como no sabemos de la existencia de estos pensamientos o energía inconsciente, su remoción es compleja. De ahí que tantas técnicas terapéuticas, desde el psicoanálisis como la meditación, pasando por el hipnotismo y rituales primitivos, busquen lo que hay de inconsciente en los bloqueos de la mente.

Nuestros pensamientos bloquean o facilitan la circulación de la energía propia.

La mente separa, divide, se identifica y nos engaña. Esto sucede porque la mente es la conexión entre el organismo y esa misteriosa máquina que se desprende del pensamiento, compuesta por imaginación, consciencia de sí y entendimiento. A la que muchos llaman alma, espíritu o ser. Estas últimas son las facultades que nos hacen humanos, nos permiten soñar, pensar, sentir razonar, saber, aprender, meditar.

Pero la mente es solo una consecuencia de lo anterior, es un agregado funcional, que no es necesario para la existencia en general, creada en el proceso de aculturación del ser humano, y por ende se puede eliminar para encontrar la verdadera naturaleza del ser. Al lograrlo, la conciencia queda al mando, fluyendo con libertad y generando energía vital en todas las funciones del ser.

La división entre la mente y el cuerpo es el fundamento de toda tensión y la meta de toda terapéutica efectiva sobre los problemas del sistema nervioso, en especial del estrés.

Las percepciones son la base sobre la que operan las emociones, digamos que son el interruptor de estas. Muchas de tus percepciones, han activado distintas respuestas de tu mente y organismo, las cuales están en la base de tus recuerdos inconscientes anidados a dichas situaciones. Con el tiempo de práctica constante, irás descubriendo la relación de tus percepciones y el conjunto de síntomas que llamamos estrés y otros tantos de origen emocional.

Igualmente, muchas emociones nos conducen a estados de alerta, aunque no haya un peligro real. Por ser esto un mecanismo inconsciente, no tenemos el más mínimo control sobre las reacciones físicas, que tienen un origen mental.

Muchos de estos pensamientos están presentes reiterativamente en las cadenas del estrés. Rumiamos situaciones, eventos tan pasados o futuros. Repetimos mentalmente conversaciones que tuvimos o que tendremos, Revivimos esas emociones y nos afligimos o alegramos de nuevo. Nuestra mente gira y gira sobre los mismos temas y sensaciones, en un desgaste energético sin final.

A largo plazo, esto va generando distintos efectos psicológicos y reacciones que vale distinguir entre, emocionales, afectivas, autoperceptivas, inconsciente e imaginarias. Pero desde donde se aborde lo que se estudia es la respuesta del sujeto ante el estrés o cómo se comporta ante determinadas situaciones. En cada caso se producen una serie de reacciones cuyo resultado es el afrontamiento de la situación no deseada o el vencimiento de la misma.

Si nuestros comportamientos son como nuestros pensamientos y viceversa, entonces si nuestros actos son sosegados igual serán nuestros pensamientos.

Partiendo de la respuesta del organismo ante un estímulo y veremos como en la actualidad dichas respuestas a los estímulos no necesariamente son parte del entorno, sino que pueden ser imaginarios, debidos a la tensión, a traumas, entre otros. Cada individuo reacciona de manera distinta ante los mismos estímulos, asumiendo una actitud activa o pasiva, según la personalidad y el humor de cada quien.

Los elementos básicos de estos pensamientos y emociones que entran en conflicto y causan tensión son pues, la culpa, el apego, la ansiedad, el miedo.

Empezando por la culpa, encontramos que es un rasgo característico nuestra civilización y una de las consecuencias de la culpa en nuestras mentes, es la sensación de agotamiento, generada por la energía que consumen estas culpas y remordimientos.

Se puede decir que la culpa junto con el miedo, entretejen toda clase de ideas irracionales sobre nosotros mismos, que justifican nuestras dificultades diarias y que distorsionan la realidad de nuestro ser.

El eje común de todos los pensamientos que generan malestar es una creencia irracional de que algo va mal con nuestra vida, con nosotros mismos o con el entorno. Esto se fundamenta en una insatisfacción con la realidad, que genera a su vez, muchos pensamientos que están en la base de la tensión y la ansiedad.

En primer lugar está el cómo asumimos nuestra existencia: creemos que alcanzar reconocimiento social, quedar bien con todo el mundo y obtener muchas posesiones, justifica nuestros afanes diarios, y que esto sanará todos nuestros pesares. Pero, tanto si lo alcanzamos o no, el precio es un desgaste de nuestra energía vital. Lo más común es que la mayoría de nuestros sueños y deseos resulten frustrados. Y así aparece nuestra primera justificación para la ansiedad.

A esto se le suma la sensación de escasez de toda clase de recursos, especialmente de tiempo; la cual nos ahoga, y aumenta nuestras presiones, tanto reales como imaginarias, e incrementa la sensación de fracaso y sus remanentes de frustración y ansiedad.

Muy relacionado con lo anterior nos encontramos otro elemento constitutivo de algunas manifestaciones del estrés y es el apego. Nos apegamos a las ideas propias, a los sueños e ilusiones. De este modo, la natural distorsión de la realidad que caracteriza la mente humana, se convierte en factor patógeno que incrementa todo tipo de sensaciones de malestar.

Corremos como autómatas detrás de cada ilusión. Como el hámster en la rueda de su jaula, solo conseguimos cansancio sin llegar a parte alguna. Pero en el caso humano la recompensa es casi siempre artificial, pues se fundamenta en el apego a la imagen que hemos construido de nosotros mismos.

Este apego a las tendencias del ego, a la necesidad de defender nuestra autoimagen; consume un porcentaje enorme de energía vital. De hecho la mayoría de obsesiones y pensamientos recurrentes que impiden el sueño y generan otros síntomas de ansiedad, tienen por denominador común la defensa de nuestra propia imagen ante los ojos de los demás, o ante nosotros mismos.

La personalidad, los pensamientos, las emociones, hacen parte del objeto de estudio de la psicología y sus aplicaciones. Por tanto aprender a lidiar con estos pensamientos y emociones será la meta de una terapéutica efectiva contra el estrés y toda clase de problemas nerviosos. Pero lograr esto puede ser un proceso largo y costoso,   por qué significa ir a lo profundo del ser y repararlo, cambiando tanto los pensamientos como el comportamiento, ayudándonos a gestionar mejor nuestra vida. Lo cual implica un proceso de asistir como mínimo una vez por semana a consulta durante varios meses y en algunos casos, hasta años.

La intervención psicológica es fundamental y dependiendo de la gravedad de cada caso va a ser en mayor o menor medida la necesidad de acudir a un psicoterapeuta que le ayude a superar sus problemas nerviosos.

Conocidas como la cura por la palabra, en la psicoterapia y en el psicoanálisis, se puede hablar con un profesional desprejuiciado sobre cualquier evento que involucre nuestro comportamiento y/o comprometa nuestro sistema de creencias. Están basadas en la verbalización de situaciones problemáticas del individuo, pretendiendo llegar a las raíces o núcleos de los síntomas que manifiesta el sujeto. Y pueden ser una parte importante del tratamiento para la ansiedad, el estrés y otras afecciones de origen nervioso.

Sigmund Freud, es conocido por ser el creador del psicoanálisis y por ser pionero en el estudio de las afecciones nerviosas, que en su época se les denominaba, neurosis, neurastenia, entre otras.

En su época ya se conocían síntomas de los que hoy llamamos estrés, pero no existía el término, quizá por eso no lo mencionó directamente en sus trabajos, pero seguro que de tener la popularidad que hoy tiene este término, habría dedicado algunos capítulos a opinar sobre este "síndrome", pues el estrés es objeto de consulta de muchos psicoterapeutas y psicoanalistas de hoy día. De hecho yo mismo acudí a psicoanálisis buscando ayuda para afrontar el estrés que afectaba mi vida.

La alternativa de la psicoterapia como abordaje de nivel profundo del estrés, tiene las ventajas de ser probadas científicamente, con amplia tradición y rigor académico en la formación de sus practicantes, los cuales en su mayoría, además de una formación Universitaria han hecho un postgrado en psicoterapia, psicoanálisis o psicología clínica.

La terapia verbal no consiste únicamente en "hablar de sus problemas"; también implica la búsqueda de soluciones. Un buen terapeuta puede ayudarle a manejar mejor sus sentimientos y síntomas, y a cambiar los patrones de comportamiento que generan la enfermedad. Realiza un proceso de evaluación y diagnóstico y luego de esto propone un plan de intervención de los conflictos hallados.

Algunas terapias incluyen tareas en casa, como tomar nota de sus estados de ánimo, escribir sus pensamientos o participar en actividades sociales que antes le generaban angustia. Quizás le propongan ver las cosas de otra manera o aprender nuevas maneras de reaccionar ante eventos o personas. O simplemente mediante la verbalización de situaciones inconsciente, lograr una liberación de sus síntomas.

Actualmente, casi todas las psicoterapias son breves y se enfocan en los pensamientos, sentimientos y problemas de vida actuales de la persona. Enfocar el pasado puede ayudarle a explicarse las cosas que suceden en su vida, pero enfocarse en el presente puede ayudarle a encarar lo actual y prepararse para el futuro. Quizás tenga que ver a su terapeuta con frecuencia al principio del tratamiento, pero más adelante, a medida que aprenda a resolver sus problemas y evitar los desencadenantes, probablemente sus citas sean cada vez más esporádicas.

Dependiendo de la orientación del terapeuta o la singularidad de consultante, esta puede enfocar en trabajar determinados aspectos del psiquismo o de la personalidad.

Muchas tratan de llegar a los elementos inconscientes que están en la base problema, otras en modificar creencias erróneas que afectan la relación con el entorno, pero la mayoría intenta ampliar la percepción de su situación.

La personalidad nos divide y separa del momento presente, restando gozo y provocando bloqueos y tensión. Por tanto, la base del trabajo de sanación del estrés es la limpieza de los bloqueos mentales y emocionales, creados por nuestra particular personalidad.

El sufrimiento, la angustia, la tensión y toda clase de malestar, proceden de una consciencia limitada por las cadenas de nuestro ego y personalidad. Por tanto el área de intervención será en última instancia la expansión de la consciencia.

En esta exploración de la consciencia vamos a descubrir cuáles son los temas repetitivos en el día a día y que pueden causar emociones destructivas y pensamientos negativos. Luego de tomar consciencia de estos temas desgastantes y poder elegir una actuación distinta, con más libertad, seremos capaces de soltar las tensiones que nos causaron en ese momento y redirigir nuestra energía hacia pensamientos o propósitos más constructivos.

Conócete a ti mismo.

La tensión es quien crees que deberías ser. La relajación es quien eres.

~Proverbio Chino.

Antes de continuar queremos recordar la importancia del emblema del templo de Delfos, para todo sistema de sanación interior y que además es frase célebre de grandes filósofos y santos, como verdad en común que proponen todas las escuelas de sabiduría que ha conocido la humanidad.

Esto se aplica tanto al estudio de las dimensiones profundas del ser, como para aliviar síntomas o malestares pasajeros del organismo. En el caso del estrés resulta de mucha ayuda al proceso de su curación, el estar atento a comprender las situaciones o agentes que lo desencadenan en uno mismo y las situaciones que puedan contrarrestarlo en algún momento.

La práctica de la autobservación es la puerta de entrada a la ampliación de la consciencia. De ahí que haya las más diversas técnicas de ellas en todas las escuelas chamánicas y religiones orientales.

Otra herramienta que puede ayudar a ésta auto observación es expresar nuestra propia verdad de las situaciones que nos afectan, en grupos de apoyo o con un terapeuta, quienes desde afuera nos darán una visión de nosotros mismos, libre del autoengaño de nuestro ego.

Para esto ofrecemos el siguiente mini test para conocer las respuestas al estrés en nosotros y así poder saber cómo intervenirlas a tiempo:

Capítulo 2

Cómo abordar el estrés

La mejor arma contra el estrés es la habilidad para elegir un pensamiento sobre otro.-William James.

Superar el estrés es posible mediante el uso consciente de la propia energía vital.

Pero más importante aún, es practicar un método de integración de la propia energía vital, que elimine profundamente el estrés del sistema nervioso y sus secuelas.

Para esto aprenderemos a aprovechar los procesos naturales de sanación del nuestro propio organismo., con el propósito de obtener los siguientes beneficios:

1. relajación muscular y nerviosa,
2. eliminación de neurotóxicos de la sangre y músculos,
3. apaciguar los pensamientos,
4. calmar emociones
5. descansar efectivamente

Para esto se puede empezar aprendiendo a descansar adecuadamente, aplicando técnicas para obtener un sueño reparador, realizando ejercicios de respiración, prácticas de relajación y técnicas más profundas como la meditación o cualquier sistema de integración de la consciencia, como la metodología que ofrecemos en este libro. Esto último es fundamental, porque será lo que te permita acceder a la energía sanadora de tu ser y te limpiará de los tóxicos acumulados en el organismo por situaciones de estrés.

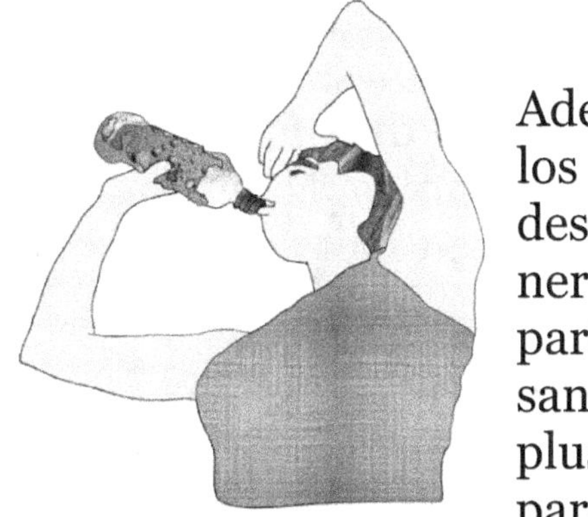

Además de que te llenará de los beneficios que causa el descanso sobre tu sistema nervioso central, del que parten todas las técnicas de sanación, obteniendo así ese plus de vitalidad que requieres para enfrentar el día a día y sanar heridas emocionales que no te dejan avanzar.

Para fortalecer estas prácticas diarias de sanación interna, y facilitar el procesamiento de la energía vital, es importante que hagas ejercicio físico al menos media hora diaria. No importa la hora en que hagas ejercicio, pero es cierto que el ejercicio matutino reduce el estrés, pues si desde primera hora de la mañana activamos el cuerpo, despejamos la mente y lo llenamos de endorfinas; que son hormonas que nos produce una sensación muy placentera; así pasaremos un resto del día con más agrado.

El ejercicio físico, aunado a la alimentación saludable y una buena hidratación con al menos un litro de agua al día; nos facilitan este proceso de movilización de las tensiones acumuladas en los músculos y ayudan a activar la eliminación de los tóxicos proporcionadas por la neuroquímica del estrés, en la sangre.

Esto hará que afrontemos el día de trabajo con otro ánimo y podamos evitar o disminuir altos niveles de estrés.

También existen técnicas de meditación en movimiento como las danzas árabes, hindúes, los derviches saltantes, la meditación dinámica-Osho, el tai chi, entre otras que facilitan la conexión con nuestro ser interno. Y que utilizan metodologías que promueven la conciencia de la mente y del cuerpo.

Tomar baños de sol apenas está saliendo en el horizonte es una técnica muy antigua para llenar el cuerpo de energía vital.
El sol es la fuente primordial de energía vital, con su energía empieza el proceso alimenticio del ecosistema y nada puede reemplazarlo. Tan importante es el sol para cargarnos de energía de vida, que incluso hay corrientes que plantean metodologías para alimentarse exclusivamente de luz solar.

Además de los baños de sol, puede hacer caminatas o al menos recibir sus rayos en cualquier momento del día disfrutando del aire libre, esto alivia mucho.

Sin embargo, recordemos que como habíamos dicho al inicio del libro: también es muy importante hablar, expresar nuestras emociones, estar en un grupo de apoyo donde podamos compartir y liberar todas estas situaciones angustiantes y que

facilitan la liberación de muchos bloqueos emocionales. Esto se denomina "catarsis" en términos psicológicos, que es el acto de descargarnos de estos bloqueos por medio de la palabra, pues está demostrado que la palabra produce un alivio de las tensiones.

Así pues, la manera más eficaz de combatir el estrés es un cambio de vida. Una vida ordenada, que sin ser monótona o rutinaria, no genere tensiones constantes. Cuidar de nuestra salud, y aspecto personal, considerando el bienestar psico-mental-espiritual, como fundamento para una sensación de tranquilidad perdurable.

Digamos que con poner orden en nuestra vida, practicar algún deporte o ejercicio físico de forma regular, descansar adecuadamente, garantizar nuestra recreación, alimentarnos sanamente e hidratarnos bien, se elimina un alto porcentaje de los tóxicos del estrés. Esto es tan así, que la personas que conoces que tienen un estilo de vida tal, poseen una tranquilidad y eficiencia que resalta entre sus pares.

Pero hay algo más por lo que puede empezar cualquier persona, incluso antes de ordenar su vida y es la práctica adicional, de un sistema que permita procesar la propia energía vital, sanar el sistema nervioso central y profundizar los beneficios de lo anterior. De este modo se genera una sensación de felicidad semejante a la vivencia infantil.

Lo más importante para sanar de manera efectiva cualquier enfermedad nerviosa, muy especialmente el estrés es equilibrar la energía vital. Recuerde que el estrés es un desgaste de vitalidad, debido al exceso de tensión y la dificultad del organismo para procesarla. Entonces procuremos la manera de obtener energía adicional y facilitar su adecuado procesamiento tanto por el cuerpo como por la mente.

Las técnicas del método que aquí presentamos son como una semilla que solo puede germinar, echar raíces y dar fruto si están en un terreno cuidado y abonado que serán los nuevos hábitos y actitudes que complementan las técnicas del método.
Para vivir sin estrés en medio del estrés es necesario utilizar técnicas que al tiempo que nos ayudan a llegar a niveles profundos de reparación del sistema nervioso e integración de la consciencia, nos permiten llevar una vida cotidiana intensa en actividades y relaciones, con la mayor frescura y tranquilidad, pudiendo así desempeñar mejor nuestras labores diarias y sanas relaciones interpersonales.

Mucha energía comprometida con el estrés queda libre y podemos darle uso productivo. Simplemente la dejamos circular y cumplir con su papel reparador. Una vez libre, queda disponible para los propósitos de nuestra felicidad.

Pero lograr esto no basta con desearlo, es necesario emprender un proceso de limpieza de aquellos obstáculos que nos separan de la naturaleza real de las cosas. Los asuntos o eventos que percibimos como amenazas o presiones, se originan en la construcción conceptual que hemos elaborado de ellos. Estos conceptos están tan arraigados en la mente, que pueden adquirir el carácter de inconscientes.

Entonces, aún queda trabajo por hacer, desde lo personal, desde lo terapéutico y lo educativo. Se requiere un método que se integre a nuestra vida cotidiana. Un estilo de vida que nos permita asimilar provechosamente las emociones destructivas del día a día y una tecnología de reparación emocional que sane el sistema nervioso central.

Las metodologías integrales propenden al desprendimiento de las cadenas del diálogo interno que sostenemos con nuestro ego.

Aprender a Procesar del estrés y la propia energía vital.

Si quieres conquistar la ansiedad de la vida, vive el momento.

-Amit Ray.

La vida es movimiento y el movimiento es tensión. La cultura actual es dinámica y exigente; el progreso social conduce a afanes que producen más tensión que satisfacción. De ahí que la tensión logre un lugar común y destacado en nuestras actitudes de vida. Situación que además de enfermarnos, en la actualidad, nos parecen naturales al existir.

Somos energía y según cómo vivamos o asumamos la vida, así será nuestro fluir energético. Por eso debemos entender el proceso de sanación, como un asunto de manejo o procesamiento de la propia energía.

Si entendemos al estrés como un conflicto con nuestra energía interna, dependerá de la manera en que hagamos uso de ésta y le permitamos o dificultemos su circulación por los distintos canales y sistemas de nuestro organismo.

Al circular libre; ésta energía va a proporcionarnos gozo por existir. Y si no puede; malestar y dolencias.

Esta es la base sobre la que operan los distintos tipos de medicinas bioenergéticas, las cuales tienen muy claro que el cuerpo y la mente se afectan mutuamente, ya que comparten la misma esencia energética.

Tanto el taichi, como la acupuntura, el reiki, la radiónica y la homeopatía, consideran al organismo como un ente armónico por donde fluye la energía que nos da salud y vida. Y su práctica tiende a desbloquear los obstáculos para este libre fluir.

La mera relación con el entorno nos obliga a estar atentos y genera respuestas de huida o ataque. Esto es más intenso ahora que al origen de nuestra especie, por lo agitado del medio social y deteriorado entorno natural. La falta de adaptación a estos estímulos afecta nuestras emociones y pensamientos.

Esta situación nos conduce a un estado de alerta permanente que desgasta el sistema nervioso y es la base para que algún asunto conflictivo del momento, supere nuestra capacidad de procesarlo.

Pero como cada persona reacciona diferente al estrés,

esta reacción se produce, como mencionamos antes según sus rasgos particulares de personalidad. Por tanto algunas personas, podrán resistir más las tensiones que otras, que serán pues, más vulnerables a éstas.

Si dejamos de pelear contra el mundo, contra nosotros mismos y contra el tiempo; encontraremos espacios continuos de silencio interno y ahorraremos la cantidad de energía suficiente para mantener nuestro sistema orgánico y mental en armonía.

Este proceso por sí mismo nos rejuvenece, por el hecho de liberar nuestra energía mental estancada, que es como expresé en el primer capítulo: una especie de cortocircuito mental, el cual consume mucha cantidad de nuestra esencia vital.

El pensamiento es energía, por ello genera emociones que son manifestaciones de nuestra energía particular. Liberar el pensamiento es liberar energía. Todas las técnicas que describiré a continuación, pretenden ayudarte a liberar los pensamientos y por ende la energía estancada por tales bloqueos mentales y emocionales. Al ir dejando atrás las creaciones de la mente, que nos llenan de malestar, irá surgiendo la conciencia de nuestra conexión con la realidad. Esto de por sí nos genera sensaciones de alegría y bienestar.

Ahora bien, como el pensamiento también es emoción, tenemos una actitud o reacción hacia cada pensamiento y esta reacción genera un reflejo en el cuerpo. Esto implica que debemos movilizar el cuerpo así como la mente para que la energía fluya con naturalidad.

Por ello en todo el libro vamos a identificar el ser con la conciencia, afirmando que la vía contraria al estrés es el ser, y que la consciencia es lo que nos va a liberar y proteger del estrés.

Por tanto proponemos un asunto de elección; elegir

entre cada uno de los elementos que componen el estrés, o elegir entre los elementos que constituyen el camino del ser que suponen la integración de la conciencia, fraccionada por la mente y sus producciones.

Sabemos que cualquier emoción estancada es destructiva, lo mismo ocurre con ese tipo sutil de energía que son el pensamiento y las emociones. Que operan con un material muy diferente a la energía eléctrica o la calórica, pero como toda energía contiene los principios básicos de polaridad, fractalidad, conductividad. Y por tanto su fluir por el cuerpo es semejante al flujo de la energía eléctrica que conocemos.

Cuando estas energías sutiles se estancan y no circulan, causan tensión y malestar. En algunos sujetos se manifiestan síntomas somatoformes o psicosomáticos, como gastritis, asma, cánceres. En otros surgen afecciones nerviosas, como ansiedad, depresión, irritabilidad; casi todos conductas compulsivas para descargar tensiones, pero en si es un vivencia particular de sentirnos mal.

Al respecto Wilhem Reich, pionero de la medicina bioenergética nos habla del papel del sistema nervioso y la energía vital en la aparición del cáncer:

"Para otros médicos el cáncer es un tumor invasivo que surge espontáneamente en un organismo sano y acaba por destruirlo. Pero la conclusión a la que llega Reich es que esta enfermedad es la expresión somática más significativa de la pérdida del equilibrio entre SN central y el SN autónomo, refiriéndose al equilibrio biofisiológico de la propia célula y su capacidad de contracción y expansión (tensión y relajación)."

"Sus hallazgos, como se describe en su libro La investigación bioeléctrica de la sexualidad y la ansiedad, indican que la ansiedad es la percepción subjetiva de una contracción energética medible, mientras que el placer es la percepción de una expansión energética."

Como has visto; son expresiones de situaciones conflictivas que nos han estado afectando por mucho tiempo, quizá desde los primeros años de existencia, tras ingresar a la cultura. Es una problemática tan profunda, Por lo que se recomienda que además de acudir a técnicas de relajación o calmantes para los síntomas del estrés, se acuda a una terapéutica que vaya a las raíces de estos conflictos, incluso a conciliar los efectos del proceso de "aculturación" en el psiquismo y sistema nervioso, para encontrar una solución duradera, que equilibre nuestra energía vital.

Así pues, cuando se habla de técnicas profundas, nos referimos a aquellas que pueden calmar el sistema nervioso central, bajar las frecuencias cerebrales y sanar emociones destructivas. Esto de por sí genera los mismos efectos de la relajación, con la respectiva calma, toma de distancia y soltura de identificaciones con eventos de la vida cotidiana; pero con efectos más intensos y duraderos. Por tanto, son las recomendadas para quien busca una sanación efectiva sobre el estrés y muchas dolencias de origen nervioso o psicosomático, como la ansiedad, la depresión, la histeria, entre otras.

El sueño reparador:

"Curarse Es Posible Por Medio Del Descanso"
ThichNhatHanh

La naturaleza nos dotó de un efectivo sistema de procesamiento de la energía vital, mediante el descanso. Y El cuerpo siente los beneficios del sueño; estos se deducen de la sensación de recuperación que se siente después de una noche de buen dormir. Mientras dormimos, nuestro cuerpo reserva la energía que habitualmente ocupamos en otras cosas, para reparar tejidos dañados, células y fortalecer nuestro sistema inmune. Por ello debemos procurar todo lo necesario para obtener un sistema de sueño profundo y reparador, pues esa es la base de nuestra salud integral. Una buena nutrición junto con un buen sueño, nos asegura al menos contar con suficiente energía y entusiasmo para afrontar los desafíos diarios.

El sueño es el modo natural de reparación que posee todo organismo, activa el sistema parasimpático y las ondas cerebrales theta y delta en estados muy profundos. Por ello el sueño, además de reparar la fisiología, también repara el psiquismo. Al mejorar la calidad del dormir, además de eliminar mucho estrés, y equilibrar nuestras emociones, también nos dará la disciplina requerida para entender el funcionamiento del cerebro en este estado y que podemos utilizar para las otras técnicas.

Por ello lo acertado de la frase citada al inicio de este capítulo del yogui ThicNhatHanh, a lo que yo agregaría: "Dime como duermes y te diré cuán sano eres". Por eso vamos a mirar con detalle en este apartado la relación del proceso del sueño con la reparación física y mental de todo organismo y algunas maneras de mejorar nuestra capacidad para dormir bien.

Pese a que en un principio opera de un modo totalmente inconsciente; con la práctica adecuada, nos ayuda a entender muchos asuntos relacionados con nuestros actos diarios y a tomar consciencia de nuestra realidad interna.

Lo que pretendemos con la meditación y otras prácticas contemplativas es inducir estados semejantes a la recuperación y sanación del sueño

Los otros métodos que presentaremos son inducidos, en el sentido de que se pueden aprender con un entrenamiento voluntario, pero comparten principios semejantes a los del sueño reparador y por ende distinta capacidad de control sobre sus estados.

El hecho de que nuestro organismo entre en reposo para regenerarse diariamente, no quiere decir, sin embargo, que nuestro cerebro no siga trabajando, ya que de hecho la actividad cerebral puede incrementarse durante el sueño. Y en algunas ocasiones genera sueños de fatiga, que no logran cumplir su papel reparador.

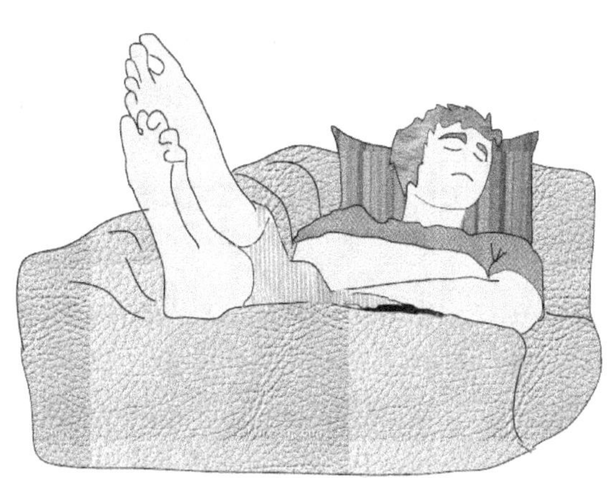

Esto ocurre porque nuestros ritmos naturales se han alterado. Cuando dormimos no eliminamos todo el estrés que hemos adquirido durante el día. De hecho, los sueños suelen presentar alto contenido asociado al estrés, ya sea como causa o efecto de este. Muchos sueños causan fatiga y al despertarnos se tiene la sensación de mayor agotamiento. Ejemplos de esto son algunas pesadillas y sueños de angustia. Y en muchos casos puede manifestarse como insomnio.

Todo el día, incluyendo la noche, estamos expuestos a factores que generan estrés. Esto es tanto por la continua exposición de nuestros sentidos a los estímulos del exterior, como por los pensamientos redundantes que nos agotan. Antes de dormir solemos rumiar situaciones o problemas vividos durante el día o que están por llegar. Y muchas de estas situaciones se ven reflejadas en las temáticas de nuestros sueños, lo que hace que despertemos con un cansancio mayor al que teníamos cuando nos acostamos.

Ya sabemos el papel que juega el sistema nervioso autónomo en este proceso, y también sabemos que el ritmo de este sistema está alterado en el humano contemporáneo y por eso prima actualmente el sistema simpático que es el del estado de alerta, de ondas cerebrales de alta frecuencia u ondas gamma. De ahí que el proceso natural de reposo que opera en el sueño, no logre hoy día activar plenamente las ondas cerebrales theta y delta para lograr un profundo efecto reparador en todo el psiquismo y el organismo.

Si usted ha hecho durante al menos una semana el ejercicio recomendado en la primera sección de este libro la *"técnica número uno de reparación emocional,"* ahora le será fácil reconocer este tipo de situaciones en sus sueños y por ende le será posible empezar a tener mejores sensaciones en ellos. Ahora, para que mejore su dormir y lo aproveche al máximo, debe tomar algunas medidas adicionales relacionadas con el ambiente donde duerme, las rutinas de sueño, sus hábitos alimenticios, entre otros.

Pero con la práctica de los sistemas que prosiguen en los siguientes apartados del libro, como son la meditación y el método sintético de integración de la consciencia, se garantiza el restablecimiento de tal proceso natural de sueño profundo y reparador.

Al soñar estamos procesando nuestras vivencias diarias a partir de nuestra forma particular de interpretar la realidad. Esto se da a un nivel profundo, inconsciente del ser, donde está nuestro potencial creativo y el archivo de vida.

Gracias a investigadores de las universidades de Oxford, Cambridge, Harvard, Manchester y Surrey, entre muchos otros, se ha podido entender mejor cómo funciona el proceso de dormir y qué implicaciones tiene para nuestra salud. Hoy se sabe a ciencia cierta que los efectos de no dormir pueden provocar problemas como falta de concentración, irritabilidad e inclusive depresión.

Muchas personas no tienen problemas para dormir, pero en cambio podrían tener problemas para conseguir un sueño profundo y reparador, puesto que despiertan por la mañana cansados y sin ganas de levantarse. Esto se da porque durante el sueño no estuvieron lo suficientemente activas las ondas del descanso y predominaron las del estado de alerta.

Durante el sueño, las ondas cerebrales pasan por cuatro de estos niveles, desde el estado de alerta, de ondas de alta frecuencia hasta el semisueño y sueño profundo de ondas de baja frecuencia. La fase 3 termina en la fase 4, que es el nivel de las ondas Delta y el momento más profundo del sueño.

A los 90 minutos aproximadamente de estar

dormidos comienza el sueño REM, donde se tiene la experiencia de soñar. Nuestros ojos comienzan a moverse muy rápido, nuestra respiración y tasa cardiaca se agitan pero a la vez nuestros músculos están plenamente relajados. Aun así, a veces tenemos espasmos en ellos. La fase REM parece todo un trance, en ese estado estamos en pleno reino del inconsciente.

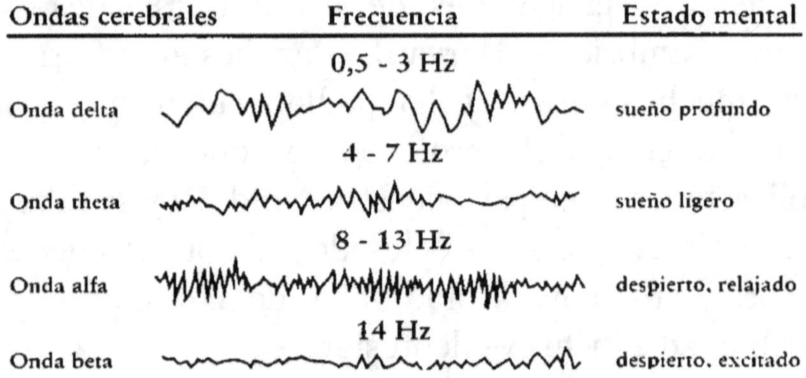

Hay diferentes tipos de ondas, las Alfa, asociadas a la relajación, las Delta (con una frecuencia de 1-3 hz), asociadas con el sueño profundo, las Theta (3,5-7,5 hz) asociadas a un estado previo al sueño profundo, las Beta (12-30 hz), asociadas a un estado de vigilia, es el estado mental en que usted se encuentra ahora y las ondas Gamma (25-100 hz) asociadas a un estado de alerta y el del estrés.

Entrar a nivel Alfa es descender a un estado de relajamiento profundo, manteniendo la mente y el cuerpo. En este nivel más profundo aumenta el campo de su inteligencia, de su memoria, de su creatividad, de su inspiración, de su percepción sensorial y extrasensorial y su intuición es más aguda. Esto también se puede lograr mediante técnicas adecuadas, en paz, en calma, sin tensiones físicas ni emocionales

Lo ideal es despertarnos tras una fase REM para sentirnos descansados y aliviados. Cuando nos

despertamos en mitad de la noche con una extraña sensación de descanso a pesar de haber dormido muy poco, seguramente se deba a que lo hicimos durante una fase REM o inmediatamente después, debido a que la actividad cerebral en esta fase es muy similar a la de la vigilia. Pero es un engaño: al poco tiempo nos sentimos cansados. Igualmente, si te has despertado "molido", desorientado y mal descansado, probablemente sea porque lo has hecho en una fase de sueño profundo y al cerebro "le cuesta" volver a la actividad cerebral normal de la vigilia.

Aunque los especialistas recomiendan dormir por las noches entre 8 horas y 9,5 horas, sin embargo, "la necesidad de sueño depende de los genes" y realmente una persona debería dormir tantas horas como ésta necesite para "funcionar bien al día siguiente. Menos de 6 horas se traduce en irritabilidad y disminución del rendimiento. Dormir más de 9 horas puede ser tan nocivo como el alcohol o las drogas.

Recomendaciones para tener un sueño reparador.

Tómate un descanso; un campo que ha descansado da una cosecha generosa.-Ovidio.

Para ayudarnos a conseguir unos estados de sueño profundo y reparador, es recomendable que establezca unos principios que ye ayudaran a conciliar más fácil el sueño cuando se disponga a dormir.

Procurar un ambiente en el dormitorio confortable, sin ruido, organizado y sin temperaturas extremas. Lo ideal también es no tener una iluminación excesiva; en un ambiente tranquilo y oscuro. Muchas personas incluso utilizan sonidos ambientes, como por ejemplo, el de una caída de agua, para entrar en un estado mental más relajado.

Cuando estamos en un ambiente despejado y no saturado por diferentes estímulos y desorden, facilita el deseo de descansar.

El colchón debe ser semirrígido y la ropa de cama limpia. Sacar la televisión, lap-top y cualquier artículo electromagnético. Y apagarlos por lo menos una media hora antes de acostarnos. Esto favorece que entremos en un estado mental tranquilo.

Aprender a limitar el tiempo pasado en la cama. Utilizar la cama solamente para dormir y para la actividad sexual, evitando comer, leer, ver la TV o escuchar la radio en ella.

No dormir siestas durante el día para consolidar el sueño de la noche; en especial si se tiene insomnio, esta medida debe ser más flexible en pacientes ancianos. Tampoco prolongar las horas habituales de sueño durante el fin de semana.

No duermas si tienes insomnio. No es recomendable intentar "dormir a la fuerza". Si estamos más de 20 minutos acostados sin poder dormir, puede resultar útil incorporarse y realizar a alguna actividad suave para inducir el sueño. No obstante no es recomendable ver televisión como ejemplo de una actividad suave.

Muchos creen que acostarse de mala gana y ponerse a "contar ovejas" es la mejor forma de dormir, pero en la mayoría de las veces no resulta tan sencillo. Lo mejor es ir creando el ambiente adecuado antes de dormir, para que de esta forma entremos paulatinamente en un estado que nos llame al descanso.

Mantener un horario de sueño constante, levantándose todos los días a la misma hora. Para darle regularidad a tus ciclos naturales de sueño. Así, predisponer el cuerpo al descanso.

Practicar ejercicio físico diario, siempre durante la mañana o a primera hora de la tarde. Pero no hacer ejercicio 3 horas antes de dormir porque la actividad física te mantiene alerta.

Cenar ligero, nunca te vayas a la cama sin ingerir algún alimento. Procurando establecer horarios de comidas regulares y apropiadas; evitando el consumo de drogas y estimulantes (cafeína, nicotina, alcohol, etc.) y de medicamentos que provoquen insomnio. Existen algunas fuentes ocultas de cafeína, como los chocolates y el té, por lo que debemos tener precauciones con lo que comemos antes de irnos a dormir.

Evitar la "rumiación" de los problemas al acostarse.

Podría ser útil contar con alguna libreta para escribir junto a la cama. Hay personas que anotan ideas que afloran repentinamente, mientras que otros escriben para despejar la mente de pensamientos inútiles.

Utilizar gotas de aceites aromáticos detrás de las orejas. Debe ser un olor que sólo utilicemos cuando vayamos a dormir, para que de esta manera relacionemos el aroma con la sensación de estar relajados y cansados, listos para dormir.

Para algunas personas resulta ideal darse un baño

caliente antes de dormir. El descenso de la temperatura del cuerpo hace que nos sintamos con somnolencia.

Funcionar bien significa: buena concentración, buena memoria y un humor optimista"

Identificar la postura en la que te sientas más cómodo al dormir.

Activa algún código de sanación que conozcas, o una técnica de meditación que te ayude a descansar y a concentrarte en tu ser interior. Así, en poco tiempo y sin darte cuenta habrás conciliado un agradable sueño y al despertar, sentirás su profundo efecto reparador

Acude a una clínica del sueño si crees tener un trastorno del sueño. Roncar y padecer insomnio son dos de los más comunes.

Además de todas estas recomendaciones recuerda practicar el primer ejercicio de reparación emocional enseñado en el capítulo uno y ejercicios de integración de conciencia, como la técnica *"intermedia"*, que voy a enseñar más adelante, como parte del método sintético y que te va a ayudar a conciliar el sueño.

Técnica de reparación emocional 2:

El estrés es cuando te despiertas gritando y te das cuenta que no te has dormido todavía.
– Autor Desconocido.

En un lugar tranquilo cierra los ojos y da tres respiraciones profundas, evoca una sensación del día o de la semana que te haya afectado de manera negativa y profunda a nivel emocional. A medida que respiras profundamente, te concentras en tu corazón y lo iluminas con una luz verde claro que lo apacigua. Mientras contemplas tu corazón envuelto en esa luz verde esmeralda; tomas consciencia del ritmo de respiración de ese momento y sientes como apacigua el ritmo de respiración, haciéndose armónico y balanceado.

Ahora en un estado mental más sereno, puedes observar las emociones que activaron tu respuesta en aquel momento doloroso y descubres todo el desgaste energético que te produjeron. De este modo puedes tomar distancia de esos eventos y puedes verlos desde otro punto de vista.

Con esta nueva actitud, comienzas a reparar las brechas de tu cuerpo emocional por donde se fuga tu energía sutil y con esta energía integrada, Imagina el corazón cristalino del centro de la tierra y conectas tu corazón a este centro energético que de inmediato te contagia de su fuerza reparadora

SEGUNDA PARTE

PRÁCTICAS PARA AFRONTAR EL ESTRÉS

Capítulo 3
Técnicas de emergencia

La mitad de las drogas modernas podrían tirarse por la ventana, aunque los pájaros se las podrían comer.

-Martin H. Fischer.

Las llamamos "Técnicas de emergencia" porque quizá son las que brindan un auxilio en un caso de crisis, y con su práctica regular pueden llegar a estados de sanción más profundos o hacer parte de algún sistema más complejo de terapéutica emocional.

Estas técnicas ayudan a controlar los efectos fisiológicos del estrés, aunque no necesariamente intervienen sobre las causas emocionales del mismo.

Algunas de ellas son de aprendizaje complejo y requieren, a veces, un especialista, al menos durante la fase inicial. Las más conocidas y practicadas hoy en día son las técnicas de relajación y las de respiración.

Las técnicas de relajación que nos ayudan a disminuir la tensión acumulada, deben ser llevadas a niveles más profundos de transformación de la conciencia para que los síntomas y el malestar no regresen muy pronto. Son recomendables las técnicas de relajación física y las de respiración para prepararnos antes de la práctica de técnicas de nivel más profundo o como afianzamiento de los efectos de estas, como la meditación o cualquier sistema de integración de la consciencia, dentro de los cuales está el método "Sintético de neurocodificación" que presentaremos en la tercera parte de este libro.

Por ello insistimos en que, solo se podrá eliminar radicalmente el cúmulo de tensiones negativas que habitualmente denominamos estrés, con un método efectivo de limpieza del sistema nervioso central, acompañado de un cambio de vida y de hábitos que nos desgastan sin necesidad.

Así pues, luego de esta breve introducción te invito a conocer algunas de las numerosas técnicas de relajación y de respiración, que como te acabo de mencionar logran calmar las tensiones y te preparan para prácticas más profundas.

Manejo adecuado de la respiración.

La calidad de tu respiración expresa tus sentimientos más profundos.

- T.K.V. Desikachar

La primera evidencia de que alguien está vivo es su respiración. De hecho, el aire es el único alimento del cual no podemos hacer ayuno.

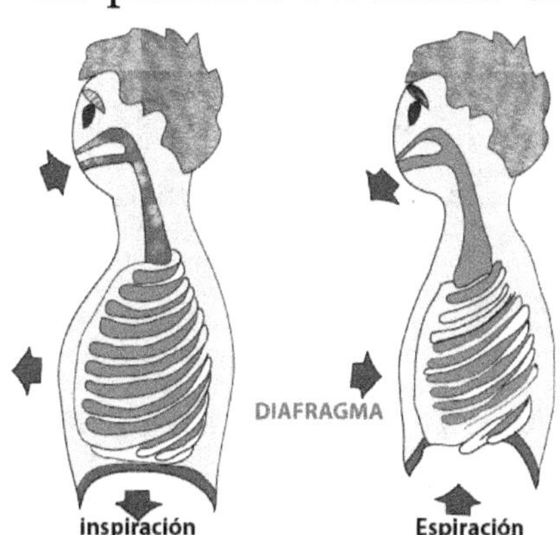

En el aire está la fuerza de vida, que la mayoría de mitos de creación señalan como un soplo o respiración. El libro del génesis afirma que Dios sopló la nariz del hombre recién creado para insuflarle vida. En latín la palabra ánima viene de "animus" que también significa aliento de vida.

Los místicos de todas las edades y países siempre han enseñado, por lo general en secreto a un número reducido de discípulos, que existe en el aire una sustancia o principio del cual deriva toda vitalidad. Difieren en los términos y nombres que daban a esta fuerza, así como en los detalles de las teorías, pero describen el mismo principio fundamental o energía de vida.

Los indios la llamaron prana, los griegos pneuma, los chinos Qi o chi; el yoga la Kundalini, en el cine "La fuerza" la ciencia occidental la llama "orgon". Pero además de este gran poder energético que se genera con la práctica de óptimas técnicas de respiración, está la posibilidad de acceso a técnicas más avanzadas de toma de consciencia de sí mismo.

La respiración es una puerta al inconsciente, en el sentido que es el único sistema involuntario que podemos controlar. Normalmente no somos conscientes del mecanismo de la respiración hasta que pensamos en esta. A partir de ahí podemos darle ritmo, hacerla más profunda, más rápida o modificarla de manera voluntaria.

Además, la respiración puede estar, según Buda, a las puertas de la iluminación. Él recomendaba poner atención en la respiración como técnica de meditación. Con dicha práctica, es posible no sólo mejorar la concentración, sino también adquirir conciencia de tensiones y bloqueos, tanto físicos como mentales y emocionales.

Antes o después de los distintos ejercicios enseñados en este libro; se puede hacer una práctica de respiración relajante. Aunque distintas escuelas de meditación están basadas exclusivamente en la respiración, como es la meditación anapsada o "del ser consciente" enseñada por el propio Buda y sobre la cual nos referiremos al final de este apartado, la meditación "So ham" de origen Hindú y algunas meditaciones taoístas como la meditación de la órbita microcósmica.

De hecho, existen muchas técnicas y métodos de respiración, la mayoría desarrollados en Oriente. La tradición india es una de las que más ha profundizado en este estudio, especialmente con el hata-yoga y el pranayama. Recomiendo la lectura de la obra William Atkinson, firmada con el seudónimo del yogi Ramacharaca "La ciencia de la respiración", donde enseña algunos ejercicios milenarios de la tradición del yoga, que durante siglos se transmitieron por vía oral de maestro a discípulo; y que expresan magistralmente la relación de la respiración con la calidad de vida.

Esta práctica de la observación constante de sus propias reacciones al respirar y durante los ejercicios de relajación; le ayudarán a tener más conciencia de su comportamiento diario. De este modo, será más productiva la técnica de reparación emocional enseñada al final del primer capítulo y le preparará para la práctica de metodologías de sanación más profundas que le enseñaremos más adelante.

Prácticas de respiración:

Cuando te levantes en la mañana piensa en el precioso privilegio de estar vivo. De respirar, pensar, disfrutar y de amar.

-Marco Aurelio.

Los siguientes ejercicios son tomados de distintas disciplinas que han investigado y practicado diversos  métodos de respiración. Todas ponen énfasis en volver a la "respiración natural" que es la forma espontánea de respirar en la que participa todo el cuerpo, como lo es la ejecutada por los bebés y que genera profundo poder sanador.

Por eso, antes de estudiar complejas técnicas de respiración, impuestas sobre los malos hábitos de respiración desarrollados durante toda la vida, se recomienda adquirir de nuevo, ese tipo de respiración que utilizamos al nacer. Observa cómo respira un bebé e imita los movimientos de su vientre. Haga una respiración natural, sin exagerar ningún movimiento.

Tome consciencia de la expansión y contracción de los músculos involucrados con cada inhalación y exhalación. Haga esto por un par de minutos.

Luego inhale cuanto aire pueda y reténgalo el máximo tiempo posible. Cuando exhale hágalo con todas sus fuerzas y quédese el mayor tiempo que pueda sin aire antes de hacer una nueva inhalación profunda. Repita esto otro par de minutos y continúe con alguna práctica distinta de respiración, como puede ser la respiración completa yógica que describiré en el siguiente apartado. O si lo prefiere puede practicar cualquier ejercicio de relajación o una práctica de meditación.

La regla que debe seguirse para realizar una buena respiración es el hacerlo siempre por la nariz y no por la boca tal como lo realizamos la mayoría de los occidentales.

El motivo para esto último radica en que al interior de nuestras fosas nasales hay un filtro formado por pelos que evitan el paso de pequeños insectos, polvo o partículas nocivas que pudiesen perjudicar a nuestros pulmones.

Es también en la nariz en donde las mucosas se encargan de calentar el aire excesivamente frío y en donde quedan retenidas las partículas de polvo y demás partículas nocivas que los pelos no pudieron retener y de las que nos podremos deshacer expulsando el aire con fuerza por la nariz.

Existen también en la nariz unas glándulas que luchan contra los microbios que logran llegar hasta ellas y desde donde se avisa a través del olfato que existe un peligro en el ambiente que nos amenaza, como podrían ser gases venenosos, sustancias en descomposición, etc.

Los órganos del olfato y sus terminaciones nerviosas olfativas, además de hacer que percibamos los olores, tienen como principal misión el absorber el prâna del aire, que como ya mencionamos antes, es un modo de nombrar al principio activo de vida de aire.

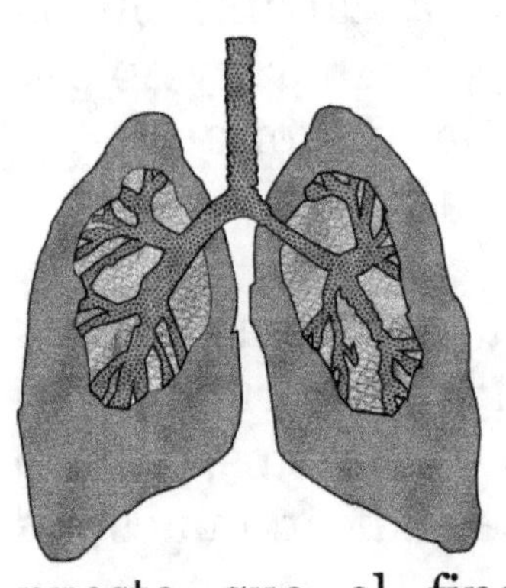

Es por ello que para absorber prâna hay que aprender a respirar por la nariz, puesto que en la boca no existen órganos que lo absorban.

El respirar durante largos períodos de tiempo por la boca trae malas consecuencias, puesto que al final acabamos por debilitar sus glándulas, cuerdas bucales y todos los órganos respiratorios y además al pasar el aire sucio a nuestros pulmones, quedamos sin defensas para combatir las enfermedades y entonces comienza a funcionar mal nuestro organismo, corriendo por ello el riesgo de contraer infecciones y enfermedades contagiosas; por eso hay un adagio chino que dice "respiramos por la nariz y comemos por la boca".

Es pues sumamente importante el respirar por la nariz de esta forma el prâna absorbido y elaborado por nuestros pulmones, proporcionará a nuestro cuerpo una buena dosis de energía, reforzando nuestro corazón y haciendo que éste bombee la sangre, distribuyéndola correctamente por todo nuestro cuerpo. Con ello además de prevenir enfermedades, y refrescarnos profundamente, mejoraremos nuestra salud actual e incluso recuperaremos fuerzas sin llegar a sentirnos nunca cansados. Por eso para empezar debe prestar atención a su modo actual de respirar. No intente modificarla, sólo observe cómo se desarrolla este mecanismo en usted. Tome consciencia de cómo inhala y exhala el aire durante el proceso. Perciba cuan profundo entra éste a sus pulmones, y cómo las contracciones torácicas y abdominales pueden detener su paso.

Cuando logre esto, y fortalezca el hábito de la autobservación; podrá asumir los beneficios que le otorgan la práctica de los métodos que se ofrecen a continuación.

Respiración completa yoghi.

Cuando respiramos profundamente, es fácil sentir lo bueno que es el mundo, lo justo y lo hermoso. Estamos inspirados. Qué trágico es, entonces, que tan pocas personas respiren libremente y bien

- Alexander Lowen

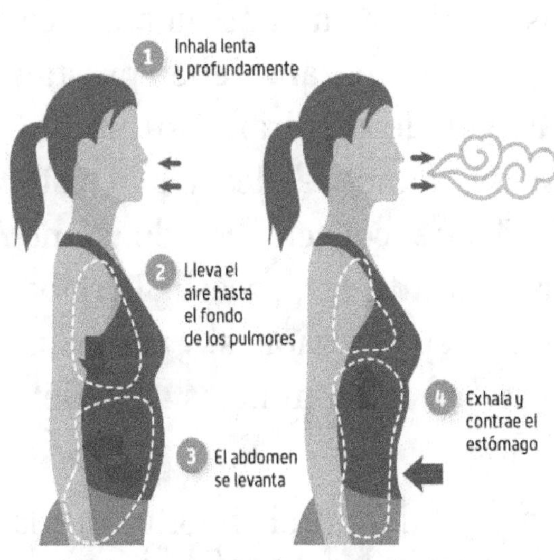

Esta es una de las más conocidas técnicas de respiración de la humanidad, dada a conocer por los maestros de Hata Yoga, pero que también ha sido practicada por muchas culturas a través de la historia. Aquí damos una breve descripción de cómo la enseñan los practicantes del Yoga.

Los yoguis clasifican la respiración en cuatro métodos generales, que son: Respiración alta. Respiración media, respiración baja y respiración completa yoghi.

Las tres primeras son empleadas inconscientemente por la mayoría de la gente, que al poner el énfasis en el abdomen o el tórax, no permite al aire llegar a todas las células. Es necesario llevar el máximo de aire a la parte baja del abdomen. Si haces esto aunque sea por pocos segundos en una situación estresante, lograrás bajar un alto porcentaje de las tensiones y despejar la mente.

Esta respiración pone en funcionamiento la totalidad del sistema respiratorio y consecuentemente hace que todas las células del cuerpo y los músculos se oxigenen adecuadamente, permitiendo al propio tiempo que los pulmones se ejerciten para rendir a un elevado porcentaje de su capacidad.

Todo el organismo respiratorio obedece a este método de respirar y con el mejor gasto de energía se obtiene la mayor suma de beneficio.

La capacidad del pecho alcanza sus límites normales y cada parte de la maquinaria realiza sus funciones y trabajo natural.

Para practicar la respiración completa, recuéstate en una parte cómoda donde nadie te interrumpa por unos minutos. Puedes cerrar los ojos si así lo prefiere, ponga las manos sobre el abdomen, inhale en tres tiempos, asignado a cada uno la elevación de una parte del abdomen, así al contar uno, inhala llenando de aire la parte baja del abdomen, al contar dos la parte media y a tres la parte superior sobre las costillas

Anapanasati o meditación de la plena conciencia en la respiración.

Muchas corrientes budistas enseñan el ANAPANASATI o "Sutra de la plena consciencia en la respiración"(inhalación y exhalación), que según afirman fue el primer tipo de meditación enseñada por el Buda en el MahàSatipaååhànaSutta, el Gran Discurso de los Fundamentos de la Atención, y se dice que con esta técnica él logró su iluminación.

A continuación comparto el texto de que la tradición dice fue lo expuesto por el Buda acerca del ànàpàna-sati:

"Aquí, monjes, un monje que se ha ido al bosque, o al pie de un árbol, o a un lugar vacío, se sienta con las piernas cruzadas, sosteniendo erecta su espalda, haciendo emerger la atención plena frente a él."

"Inhala experimentando el cuerpo en su totalidad, exhala experimentando el cuerpo en su totalidad".

Esto quiere decir que mientras inhalamos, toda nuestra atención está centrada en el hecho de inhalar, sintiendo el aire que entra al cuerpo y sus beneficios refrescantes y vivificantes. Al exhalar toda la atención está puesta en el acto de exhalar, expulsando todo lo caduco del organismo, las tensiones y preocupaciones.

Conforme se practica la observación de la inhalación y exhalación con atención, se calman y tranquilizan estas dos funciones de inhalación y exhalación. *"Inhalando, calmo las formaciones mentales en mí. Exhalando, dejo ir. Dejo ir mi ira. Calmo mi ira, calmo mis preocupaciones, calmo mis celos. Y dejo ir mi ira, dejo ir mis celos. Inhalando, me calmo, exhalando, dejo ir"*, al menos tres veces y se sentirán mucho mejor". Esto lo dice el Yogui ThichNhatHanh

Al hacer este ejercicio de manera adecuada y diariamente, concentrando toda nuestra atención en el acto de respirar, podemos llegar a estados tan profundos como los obtenidos por medio de la meditación o el *"Método sintético de neurocodificación"*. La concentración en un solo punto del cuerpo, en una imagen o en la respiración, inducen a estados de relajación característicos de la activación de las ondas cerebrales alfa, del sistema nervioso parasimpático y por ende la distensión de los músculos, como en la relajación.

Pero practicando de un modo continuado, podemos llegar a estados de trance, propios de la meditación y la contemplación; lo que logra convertir una práctica sencilla en uno de los estados más profundos y curativos que puede alcanzar el ser humano.

Esto nos ayuda a tomar distancias de las situaciones de vida, y nos permite soltar identificaciones con los eventos. De esta manera se liberan emociones estancadas y facilitamos en fluir sanador de la energía interna.

Si podemos calmarnos ante una situación estresante respirando rápido y despacio, seremos más eficaces en cuanto al gasto energético de nuestro cuerpo y al modo de consumir esa energía.

En lo personal, considero que quien repite diariamente esta práctica, pese a lo sencilla, habrá aprendido el método de "meditación anapasana" enseñada por el propio buda y que puede convertirse en una técnica sanadora tan profunda que ha servido para la iluminación de muchos seres.

Si necesita más ayuda, continúe leyendo lo que contiene este libro, en especial el apartado sobre la meditación, donde profundizaremos en estas técnicas y enseñaremos con detalle otra variante de la meditación en la respiración, o meditación en el mantra "So Ham", que surge de las tradiciones del Yoga.

Hasta el momento solo hemos visto los modos más comunes de abordar el estrés y que se enfocan en el descanso y recuperación de la tensión que este nos genera. Pero las causas continúan, por lo que la tensión vuelve en algún momento luego de las medidas empleadas. Por lo que recomiendo desde mi ética profesional que aprenda un método que vaya hasta el fondo del ser y remueva las vibraciones en la que se soporta el síntoma.

Técnicas de relajación

La tensión es quien crees que deberías ser. La relajación es quien eres.

-Proverbio Chino.

Dentro del término relajación se incluyen no sólo una técnica, sino varias formas de hacer o de influir sobre la tensión y la ansiedad. Muchas de estas técnicas de relajación han generado escuela y movimientos importantes o han surgido dentro de estos. Por tanto para su enseñanza se requiere ser un maestro certificado de algunas de ellas, por lo cual recomendamos investigar más de lo que aquí ofrecemos sobre las técnicas de relajación que mencionaremos, pues este capítulo sólo ofrece una breve introducción al tema.

La relajación hace parte activa de muchas metodologías de sanación emocional. Por ello abundan investigaciones que evidencian la eficacia de estos procedimientos (incluyendo la relajación muscular progresiva, la meditación, la hipnosis y el entrenamiento autógeno), encontrando que ésta es una de las mejores formas para disminuir las ansiedades y la tensión acumuladas bajo situaciones de presión.

Su uso clínico es bastante amplio; ya sea como un tratamiento en sí misma, o como tratamiento de apoyo para otras técnicas. Por tanto la relajación se ha convertido en un componente básico de los tratamientos para las afecciones nerviosas y la variedad de problemas que se ven en psicoterapia.

Mediante la realización de unos determinados ejercicios físicos, estas técnicas enseñan a controlar los efectos fisiológicos del estrés, a fin de disminuir la sintomatología que se percibe como negativa o desagradable y que, en consecuencia, nos crea ansiedad.

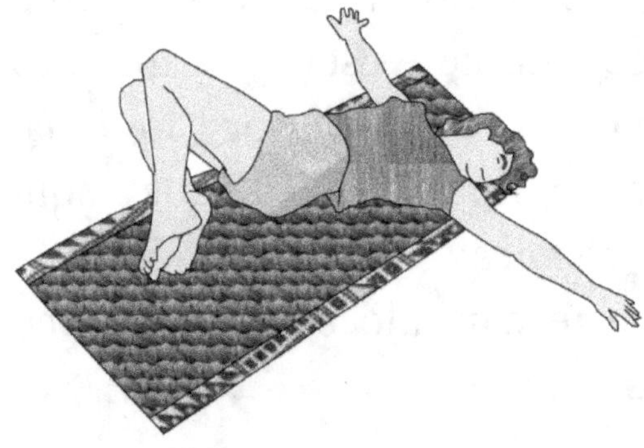

Esto se logra mediante unos determinados ejercicios realizados de forma consciente, con la atención concentrada en las reacciones que nos producen. De este modo, el cuerpo se relaja y libera tensión mediante su práctica, pero a través de la autobservación de las propias reacciones durante estos ejercicios, sus efectos serán más duraderos.

La relajación corporal ayuda a calmar el sistema nervioso central y de esta manera apaciguar la mente y las emociones, nos permite percibir nuestro día a día de manera más pausada, con lo cual podemos concebir la realidad de las cosas, reconsiderando situaciones movidas por el puro deseo y por el imaginario qué es lo que nos hace sufrir.

Los tipos de relajación más conocidos son la relajación clásica, la creativa, la imaginativa, la relajación progresiva de Jacobson, el entrenamiento autógeno de J.H. Schultz, las procedentes del yoga, del chi kung, el taichí, entre otras. Sin embargo, existen tantas técnicas de relajación que quizá no logremos mencionarlas en este volumen.

Estas técnicas parten del principio de que es imposible estar al mismo tiempo relajado físicamente y tenso emocionalmente. Se basan en la relajación muscular que supone a su vez la relajación del sistema nervioso.

Cualquier método de relajación procura reducir la tensión física y/o mental del practicante. Se espera que generen un mayor nivel de calma y reduzcan los sus niveles de tensión que hacen parte del estrés, la ansiedad, la ira, entre otros. Estos métodos se basan, en su mayoría, en un entrenamiento progresivo y regular, que a largo plazo pretenden modificar la actitud psicológica

Desde un punto de vista puramente recuperador, tienen gran interés en el tratamiento de personas espásticas, que son las que tienen una tensión inusual o aumento del tono muscular y pueden tener dificultad para caminar, el movimiento o el habla y con lesiones neurológicas de este tipo.

Las investigaciones han demostrado la eficacia de los procedimientos de la relajación en el tratamiento de muchos problemas relacionados con la tensión, tal como el insomnio, la hipertensión esencial, dolores de cabeza, la concentración, el asma bronquial y la tensión general. Los métodos de relajación se utilizan también como tratamiento de apoyo en muchas situaciones, tal como la ansiedad de hablar en público, las fobias, la ansiedad intensa, el síndrome de colon irritable, el dolor crónico y las disfunciones sexuales.

Te invitamos a consultar videos, audio, o libros sobre relajación que abundan o asistir a un curso del mismo e incluso en gimnasios y centros comunitarios los enseñan.

Técnica intermedia.

No dejes que tu mente maltrate a tu cuerpo al creer que debe cargar con el peso de sus preocupaciones.

-Astrid Alauda.

Antes de dormir, cuando ya estés acostado, repite en el silencio de tu mente, "Me sano para sanar", hasta quedarte dormido. Pones tu atención en el centro del cerebro, donde está la glándula pineal.

Concentra toda tu atención en ese punto, conectándote con el poder sanador de tu ser interno, al que le vas a pedir con todas tus fuerzas que te sane, equilibre y tranquilice.

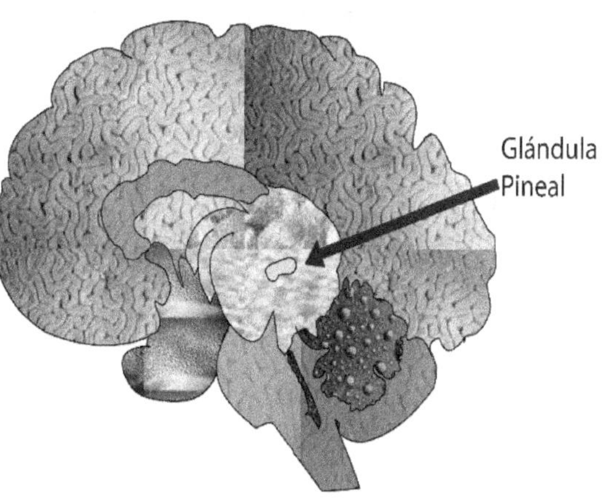

En cada conexión con este ser interno descansarás del cúmulo de tensiones y heridas que has acumulado a lo largo de tu vida y que ahora te quitan paz y te hacen sentir enfermo, triste y decaído.

También es muy útil para inducir el sueño, pues despeja la mente y activa el sistema nervioso parasimpático.

Si logras quedarte dormido mientras practicas esta técnica, su poder sanador se prolongará a esferas del inconsciente. Durante el sueño, nuestra mente inconsciente estará trabajando en establecer esta conexión con el poder reparador de tu ser interno.

Esta técnica hecha con regularidad nos va a facilitar lograr los efectos profundos de las otras técnicas, en el sentido de que El método consiste en lograr espacios de mayor duración de este estado de no dualidad, del que por ahora solo puede recibir algunos destellos.

Capítulo 4
Estados de sanación profunda

Tu visión devendrá más clara solamente cuando mires dentro de tu corazón... Aquel que mira afuera, sueña. Quién mira en su interior, despierta.

- Platón

Como se ha mencionado desde el principio; en este libro se hace referencia directa al efecto reparador y sanador de los estados contemplativos de la mente, que se logran con la práctica constante de técnicas de integración de la conciencia, donde la meditación es por ahora la más conocida e investigada de todas, cuyos efectos y beneficios son demostrados hoy día en laboratorios con las últimas tecnologías y han sido sistematizados por las neurociencias contemplativas.

Todos los cambios y beneficios que se producen en los estados contemplativos, en los de meditación, de la hipnosis, del sueño reparador y del trance en general, se dan principalmente por la capacidad que estos tienen para bajar la frecuencia cerebral, relajar las barreras del ego y conectar con energías procedentes del ser interno.

De ahí que las prácticas contemplativas sean tan efectivas para contrarrestar el estrés, pues pretenden apaciguar el pensamiento y calmar las emociones, para lograr metas de mayor trascendencia. Por esto su consecuencia inmediata es la liberación de todas las tensiones generadas en la relación cuerpo, mente y entorno.

Así pues, sin profundizar mucho en esta obra sobre las metas de orden trascendente, que consiguen dichas técnicas, quiero presentarlas como una alternativa de alto grado de seriedad, comprobada a través de los siglos, para eliminar el estrés, lograr paz mental y sosiego del espíritu.

Por ello las técnicas de meditación procuran un entrenamiento para acceder de manera consciente a dichos estados y ser partícipes activos de nuestros procesos de sanación y evolución personal.

Existen muchas otras técnicas que logran llegar a lo profundo del ser y activar las ondas cerebrales de baja frecuencia y producir dichos beneficios, como el entrenamiento autógeno, la Holoterapia, la autohipnosis, el método Silva, las meditaciones cabalistas, sufíes, taoístas del yoga entre otras. Igual como dije con respecto a lo anterior, cada una de estas metodologías ha desarrollado teorías y protocolos de intervención diferentes.

Para que este tipo de metodologías logren sus beneficio es fundamental asumir cierto estilo de vida que harán más profundos sus efectos y, ayuden a eliminar las neurotoxinas que generan las sensaciones de estrés que desgastan el organismo.

Pero para profundizar en esas técnicas es mejor consultar a algún entrenador certificado o libros específicos sobre el tema.

Sin embargo, según mis indagaciones, el eje común de todos estos enfoques es la expansión de la consciencia y la integración con el ser interno, a partir de apaciguar el flujo desordenado del pensamiento y activar ondas cerebrales de baja frecuencia. Estos constituyen un remedio ideal contra toda tensión, entre muchos más beneficios.

Sin embargo estas metodologías implican muchos rigores y condiciones que a nuestro estilo de vida urbano se nos hace difícil de seguir hasta obtener los resultados esperados. O en otras ocasiones son metodologías para despertar cualidades de las personas de alguna época determinada.

Por ello se hace necesario aprender un método que nos permita dedicar un momento de cada día para procesar esta cantidad de energía perjudicial que nos llega a montones y no logramos elaborar. Método que además nos facilite el retorno hacia nuestro ser interno, donde está la fuente de la paz, salud y tranquilidad.

Una vez que has empezado a mejorar tus condiciones

de sueño y que has desarrollado las primeras técnicas de reparación emocional ensaladas en este libro, y que hayas empezado a practicar deporte todos los días, tomar agua y a ser consciente de las cosas que dices, habrás notado un cambio en la tensiones y modo de reaccionar ante ellas. También estarás con mayor vitalidad y entusiasmo por las cosas.

Sin embargo apenas se ha iniciado el proceso de sanación, es importante ahora ir a lo hondo del sistema nervioso para lograr el descanso y reparación del sistema nervioso ocasionado por y remover todos los neurotóxicos causados por años de acumular estrés en tu organismo.

Los métodos más extendidos para lograr esta reparación profunda son la psicoterapia, la meditación y otras de carácter cuántico y bioenergético, que con sus respectivas diferencias, de alguna manera tienen cierta relación con los propósitos de la meditación, que son armonizar las energías internas, equilibrar cuerpo y mente y apaciguar el diálogo interno; todo en pro de una toma de consciencia del propio ser.

Estas técnicas se basan en el principio de llegar a los conflictos latentes de nuestra personalidad para liberar la energía estancada por su causa y utilizarla para vivir mejor.

Muchas de ellas han sido sometidas a pruebas de laboratorio, en especial la meditación, por ser tan antigua e importante. Sobre esta práctica daremos una breve presentación en el presente libro, describiendo sus beneficios en el tratamiento del estrés y los efectos positivos de ésta sobre el cerebro y el organismo en general.

La otra técnica importante que resaltamos en este libro, es un sistema sintético de integración de la consciencia, con neurocódigos, la cual logra efectos y beneficios profundos de toma de consciencia y sanación como la meditación, u otras técnicas contemplativas. Pero su práctica es más sencilla, acondicionada a las cualidades del humano actual, pues no requiere de tantos rigores como aquella y articula técnicas actuales de psicología aplicada y las neurociencias, que favorecen su práctica para las personas con un estilo de vida contemporáneo.

Yoga y Meditación

"El objetivo final del yoga es observar siempre las cosas con precisión, y por lo tanto nunca actuar de una manera que hará que nos arrepentimos de nuestras acciones más tarde."

- TKV esikachar

El yoga es un método de desarrollo integral, originario de la india con al menos siete mil años de antigüedad, que se ha convertido en parte del patrimonio de la humanidad. Hay varias escuelas de yoga y muchos métodos en todo el mundo. Tiene varias ramas que contribuyen al desarrollo de diversos planes del ser humano: físico, psico-física, mental y espiritual.

El yoga enseña a movilizar las energías hacia todo el cuerpo y a concentrarse donde nosotros queremos. El yoga es responsable de la gestión de la salud y el desarrollo de los hombres y las mujeres por su propio físico, psico-física y mental. También hace un llamamiento a las técnicas de higiene, la nutrición y los suplementos dietéticos.

Los yoga sutra de Patanjali son considerados la obra fundamental del Yoga, pero estos conocimientos existían a menos cinco mil años antes.

Esta metodología integra de manera armónica todos los métodos que hemos mencionado hasta el momento: ejercicio físico, relajación, técnicas de respiración y meditación.

La meditación, por su parte es una metodología por sí misma, que logra llevar al ser humano a los estados más profundos de relajación, armonía con su entorno, equilibrio interno y salud.

Su práctica constante, puede reducir de manera sustancial todo tipo de estrés, porque el organismo entra en un estado de reposo más profundo que durante el sueño normal, la frecuencia cerebral baja su ritmo de Beta y gamma a alfa y theta y se entra a un estado de calma mental, que ayuda a mejorar las facultades cognitivas, la percepción, a liberar los malos pensamientos y activar el poder sanador del sistema nervioso central. O sea produce estados semejantes y en ocasiones más profundos que los del sueño, pero en este caso son inducidos de manera voluntaria y se es consciente de ellos.

Pero la meditación más que una técnica, es una actitud ante la vida, a la cual se puede llegar por distintos caminos. Meditación es estar presente y con la aceptación de lo que hay. Nos confundimos considerando a la meditación con asumir una postura, recitar mantras, cerrar los ojos y demás elementos que componen las técnicas más extendidas hoy día. Pero lo cierto es que estas técnicas son la ayuda para llegar a tal estado de meditación o de no mente, de no dualidad, de conciencia expandida. En tal estado volvemos a la verdadera naturaleza del ser, experimentamos paz y nuestro cuerpo vibra de otra manera.

La etimología de la palabra meditación, viene del latín *"Meditari"*

"Itari" significa conducir, y *"medi"*: medio o sea ser conducido hacia el centro. En sánscrito significa parar el flujo mental, calmar la mente.

Entonces la meditación es un volver al ser. Retornar a nuestra naturaleza original y por ende debe ser algo simple, sencillo.

Lo que se pretende con la meditación es conectar con nuestro cuerpo, con los ritmos naturales, perdidos por la introducción de la mente. Pues la mente nos separa y divide tanto del cuerpo como del ser.

Por ello vamos a dar referencia a los estados de meditación y los beneficios que dichos estados nos aportan, y daremos breves recomendaciones para inducirlos.

Aprendiendo a meditar.

> El estrés no es una reacción. Más bien es el precio que pagamos por la vida "civilizada" que vivimos, que por cierto no es civilizada en absoluto.
> - Maurren Killoran

Cuando cuerpo y mente se relajan, el sistema nervioso parasimpático toma el control. Esta es la parte de respuesta nerviosa asociada con enfriar, calmar y aliviar el cuerpo, tal como lo explicamos en la primera parte de este libro. Los mecanismos alterados durante las respuestas excesivas de estrés, se benefician con la práctica consciente de un método que de manera deliberada active la acción reparadora del sistema nervioso parasimpático. Y la meditación es la más conocida e investigada metodología para despertar tales procesos de sanación interior.

Pero para meditar se requieren algunas condiciones que muchas personas no están plenamente dispuestas a seguir, como la postura, preferiblemente con la espalda erguida, el mantra, sostener la atención por largos períodos y silenciar la mente. Al ser humano contemporáneo, y sobre todo a los occidentales, nos cuesta mucha dificultad avanzar hacia niveles profundos de la meditación y llegar a sus estados sublimes, como la contemplación o el "Shamadí". O en ocasiones logramos sentir sus efectos por algún tiempo y luego no logramos volver a tales estados. También nos cuesta mucho seguir las prácticas tradicionales para ello, como asumir una postura, recitar un mantra, aquietar los pensamientos y sostener la concentración enfocada en algo.

Cuando su maestro Marpa interrogó a Milarepa luego de un prolongado tiempo de meditación este le narró sus experiencias:

"Cuando la mente se calma en tal razonamiento, los pensamientos discriminatorios cesan y la mente alcanza un estado no conceptual. Si uno permanece en ese estado uno ha alcanzado la tranquilidad de la mente. Ese estado de tranquilidad es mantenido por medio de una continua atención y consciencia, sin permitirle estancarse en la pasividad. Intensificado por la fuerza de la consciencia, uno experimenta la consciencia pura sin diferenciación, desnuda, vívida. Esa consciencia pura puede ser considerada como un destello de claridad (insight) básico."

Prácticas de meditación.

Es un momento de tensión. Es un momento bueno para tomar un descanso, para descansar, para reducir la velocidad, hacer la siesta, a **decir que no.**

Como ya mencionamos en el apartado anterior, la meditación, más que una técnica como tal, es un estado de la mente o, mejor dicho, de no mente o no

dualidad. De hecho, existen numerosas técnicas que buscan conducir la mente al estado contemplativo, mediante la práctica de ejercicios o métodos para concentrar la atención y calmar los pensamientos. Estos métodos han sido desarrollados por distintas culturas y disciplinas con intención de trascender las limitaciones que la mente y el autoengaño del ego. También se han empleado para facilitar la adaptación del individuo a su entorno y mejorar la calidad de vida en general.

Las técnicas de meditación pueden variar, y van desde las que se basan en observar la respiración, en visualizar algún pensamiento positivo o imagen inspiradora, enfocar algún objeto o imagen, recitar un mantra, las invocaciones, hasta las que se basan en tipos de compleja "alquimia espiritual". También están las meditaciones sin objeto, desenfocando la tensión mental, la meditación trascendental, la meditación raya yoga, la meditación jyoti, la Vipassana, la Raja Yoga, la Tibetana, la Zazen, las Meditaciones Dinámicas de Osho, las Meditaciones Guiadas, la Científica, meditación Maya, la Mindfulness, las cabalistas, sufíes, entre otras.

Una práctica de meditación comienza siempre con un ejercicio de armonización corporal mediante la relajación física, mental y la respiración. En esta fase el meditador se va distanciando gradualmente de las circunstancias del mundo exterior, que actúan como estímulos sobre el organismo provocando tensiones, y mediante la concentración comienza a cultivar la sensibilidad hacia su realidad interior. Luego, se suele utilizar alguna herramienta o apoyo para enganchar la atención, disipar los pensamientos y calmar la mente. Cada corriente utiliza alguna herramienta distinta, algunas emplean mantras, otras visualización, o, como mostramos antes, la concentración en la respiración.

Por ello, una vez más recomiendo el sencillo método de meditación enseñado por el buda, que es la meditación en la respiración, o sus otras variantes como, en el yoga, la respiración en el mantra "So Ham", que es un mantra silencioso que se repite con la respiración. En este caso, se dice mentalmente SO al inspirar y HAM, al espirar. Significa "Yo soy Aquello". Aquello puede representar a la Divinidad, a Dios, a la esencia sanadora que circunda el Universo y hace parte de cada partícula de éste.

Una forma muy fácil de entender el poder de este mantra consiste en taparnos los oídos con el dedo índice. Ponemos la atención en la inspiración y el sonido que genera el aire al pasar por nuestras fosas nasales. Oiremos un sonido similar a "so". Al exhalar también por la nariz, oiremos el sonido "ham / hum".También se dice, en la tradición india, que el mar con su oleaje produce el mismo sonido, por lo que meditar junto al mar puede ser una experiencia donde se podría potenciar el poder de So Ham.

También dicen que el universo suena como una respiración en el vacío, el Universo es un constante palpitar, una exhalación e inhalación. Todo el Universo se contrae y expande con un ritmo particular. En el silencio de su mente, al taparse los oídos, solo se siente su respiración, todo los demás sonidos se extinguen, incluso los sonidos del ambiente. En el silencio interno usted se convierte en la totalidad del Universo y sigue sintiendo su respiración, inhala Soooooo, exhala haaammm, se contrae y expande en el silencio de su ser interno.

"Siente la lenta vibración de la respiración. Esta vibración es el mantra so'ham. Escucha el sonido so en la inhalación, y el sonido ham en la exhalación. La respiración es sutil y lenta, así que deja que tu concentración sea fina y sensible, volviéndose cada vez más enfocada y yéndose cada vez más profundamente al interior de la mente. Descansa en esta consciencia tanto tiempo como quieras". (Verso Hindú).

Con cada inhalación y exhalación vamos intensificando la concentración en nuestro interior y tomamos consciencia de nuestros procesos internos. Como resaltamos antes, la respiración es la puerta al inconsciente, en el sentido que es el único mecanismo involuntario que podemos controlar. Normalmente no somos conscientes del mecanismo de la respiración hasta que pensamos en esta. Los demás movimientos corporales automáticos como el palpitar del corazón, la digestión, el cambio celular, entre tantos, son totalmente inconscientes, de ahí que tomar conciencia de la respiración sea una fuente de poder personal inestimable.

So ham, como cualquier otro mantra, es una afirmación poderosa que, repetida regularmente, nos inducirá a una estado de calma y sosiego, preparando el terreno para un tipo de meditación más profunda dentro de nuestro Ser o estado contemplativo.

Otro modo de practicar la meditación a partir de la respiración es el siguiente: al inhalar decir mentalmente "adentro" y al exhalar decir "afuera". Esto significa que cuando inhalo, sé que estoy inhalando. Y cuando exhalo, sé que estoy exhalando. No mezclo las dos cosas. Inhalando, sé que es mi inhalación. Exhalando, sé que es mi exhalación. Por ese momento, detienes todo el pensamiento, sólo prestas atención a tu inhalación y a tu exhalación. Estás 100% con tu inhalación y con tu exhalación.

De este modo la calidad de su respiración ha sido mejorada. Igualmente has fortalecido la atención y la conciencia del momento presente. Su inhalación se ha vuelto más profunda y más calma, su exhalación también es más profunda y más calma. Inhalando, sé que mi inhalación se ha vuelto más profunda, y cuanto más profunda es, más placentera se vuelve. Intente inhalar varias veces y verá que es más profunda. Y cuando es más profunda, sentirá mucho placer. Cuando exhale diga "exhalando, sé que mi exhalación se ha vuelto más lenta, más lenta, más pacífica". Si su respiración es más profunda, usted es más profundo. Si su respiración es más lenta, usted es más lento. Esto significa que son más pacíficos. Entonces, inhalando, sé que mi respiración se ha vuelto más profunda. Exhalando, sé que mi respiración se ha vuelto más lenta.

Pasos básicos para empezar a meditar:

No subestimes el valor de no hacer nada, de ir solo, escuchar todo lo que no puedes oír y no molestarte.

~A.A. Milne.

A la mente se le compara con un mono en algunas tradiciones, y como a un mono hay que darle una distracción algo en lo que siempre estar ocupada. Lo más importante en las distintas escuelas de meditación es el objeto en el cual enfocar la atención y disminuir las resistencias de la mente. Las técnicas más tradicionales lo buscan por medio del agotamiento o sutil sofoco. Para esto, usan un mantra, un simran, o algún neurocódigo en cual concentrar toda la atención.

Hay otras más contemporáneas que usan una actitud intermedia y es la concentración por breves periodos de tiempo sin sofocar la mente, permitiéndole aparecer cuando quiera y observar atentamente este jugar de nuestra mente.

Lo común es lograr un apaciguamiento de nuestro diálogo interior, mediante el incremento gradual de los espacios de silencio interno.

En cuanto a las condiciones físicas idóneas para

facilitar este trabajo de sanación interna, lo más recomendable es crear un ambiente tranquilo y relajante. Donde se tenga la seguridad de no ser interrumpido durante el tiempo de práctica. Luego asumir una postura cómoda, lo más recomendable es tener la espalda recta, para facilitar el flujo de la energía interna por la médula. Puede ser sentado o acostado, depende mucho de la técnica y tradición empleadas. Cerrar los ojos o buscar algo relajante que mirar. Cuidar la respiración. Relajar cada músculo del cuerpo. Concentrarse en palabras que te agraden. Visualizar algo que te tranquilice.

Empieza por acostumbrar o entrenar a tu cuerpo a quedarse cómodo y quieto en una postura, preferiblemente sentado. Las escuelas de meditación enseñan que cuando la espina dorsal se mantiene erguida -con la pelvis, pecho, y cabeza alineados verticalmente-, la respiración se suaviza y la mente puede mantenerse alerta pero relajada. Siéntate en una silla o en el piso con las piernas cruzadas, con un cojín o una cobija doblada bajo la cadera. Usa suficiente soporte levantar la cadera a un nivel un poco más alto que el de las rodillas que deben estar apoyadas sobre el suelo. Así es más fácil evitar que la espalda baja se redondee.

Siente todo tu cuerpo cómodo y quieto, suelta cualquier tensión innecesaria y pon atención a los movimientos de tu respiración.

Ahora mantén tu atención unos centímetros al frente del punto entre las cejas. Siente el ir y venir de la respiración a través de todo el cuerpo. Aquí puedes utilizar un mantra, como el mantra "So Ham" que enseñamos antes, pero el más conocido de todos es el mantra "OM", que en sánscrito significa: unidad con lo supremo, la combinación de lo físico con lo espiritual. Es la sílaba sagrada, el primer sonido del Todopoderoso, el sonido del que emergen todos los demás sonidos, ya sean de la música o del lenguaje divino. Aunque el mantra también puede ser una frase sublime o algún nombre de Dios con el que te sientas a gusto. Su sonido y su vibración además armonizan y dan paz.

El Mantra tiene tres funciones:

1. Crear una condición perfecta de contemplación para vaciar la conciencia.
2. Permitir que los conceptos del Mantra entren en la mente subliminalmente, sin la contaminación de la mente manchada o las identidades del Yo, Ego, o Súper Ego.
3. Permitir que los conceptos del Mantra se conviertan en una experiencia directa.

Te puedes abstraer en esta práctica algunos minutos, se recomienda que sea al menos media hora diaria, que incluso se puede hacer dividida en varias secciones de 10 o 15 minutos como mínimo, en lo posible a la misma hora todos los días.

Para finalizar la práctica, gradualmente regresa tu atención al fluir de la respiración, a la presencia física de tu cuerpo y al espacio a tu alrededor. Permanece consciente de la respiración y de tu conexión interna mientras sales de la postura. Quizá quieras abrir tus ojos, mirar las palmas de tus manos, masajear tu cara y estirar tus brazos y piernas antes de levantarte.

De acuerdo con los investigadores es importante que cuando aprendes a realizar ejercicios de meditación, trabajes de manera consciente en ello, especialmente si se hace durante una tarea estresante. Al menos tres veces al día, hay que mirarse desde fuera y autoevaluarse

En los siguientes links vas a encontrar algunas meditaciones guiadas que te ayudarán a iniciar en esta metodología. Como ya hemos dicho, la meditación es un campo tan amplio que existen diversas metodologías y técnicas para desarrollar dicho estado, desarrollados por distintas escuelas y doctrinas, casi todas de origen oriental, pero que de alguna manera buscan llegar al mismo objetivo. Por eso te recomendamos asistir a una escuela de meditación o trabajar con un entrenador oficial de alguna de esas corrientes, si te sientes interesado en iniciarte en alguna de estas metodologías:

https://www.youtube.com/watch?v=m3Z-BSQCHW0

https://www.youtube.com/watch?v=KAHQLJbdzGs

Una Práctica Sencilla de Meditación

"Alégrate porque todo lugar es aquí y todo momento es ahora."

Buda

Es recomendable meditar a cualquier hora en el día cuando tus ideas broten libremente. Sin embargo, los mejores resultados con la meditación se obtienen a primera hora, entre las 3 y las 6 de la mañana. Durante este tiempo el mundo está quieto y silencioso, tú estás recién despierto, tienes mucha vitalidad y la mente despejada de todos los factores que te estresaron el día anterior.

Siéntate en un lugar silencioso, en una posición cómoda, cierra los ojos y concéntrate en la oscuridad que hay entre tus ojos, a unos 20 o 25 centímetros a la distancia de la cara. Los místicos llaman a esto su tercer ojo.

Trata de borrar todos los pensamientos de tu mente y enfócate en una sola cosa, puede ser una luz o imagen que surge en la oscuridad hasta que sientas que tu cuerpo y el Universo se hacen uno. Los primeros 20 minutos suelen ser los más complicados pero con persistencia diaria conquistarás tu mente y sentirás los efectos relajantes y energizadores que la meditación puede brindarte.

Si nos distraemos con ideas o sentimientos o con los sonidos alrededor nuestro, debemos notarlos y disiparlos para volver a lograr la concentración. Para comenzar, 15 o 20 minutos es un buen tiempo, por ello se recomienda a los principiantes hacer tres rondas de 15 minutos a distintas horas del día, el mañana al mediodía y en la noche, así logras una hora diaria

Recomendaciones

A veces, lo más productivo que puedes hacer es relajarte.

-Mark Black.

Las instrucciones que acabas de recibir son solo una presentación de una compleja disciplina que es la meditación, por eso se recomienda una vez más que si deseas profundizar en este tema o recibir una mejor orientación, acudir a una escuela de meditación para recibir atención personalizada. Actualmente hay muchas en cada ciudad del mundo. Algunas dan instrucciones gratuitas y grupos de prácticas de apoyo. Las cajas de compensación familiar y los servicios de bienestar laboral de las empresas, brindan talleres de meditación para empleados.

Otro tema de preocupación para muchas personas que empiezan con técnicas de relajación, meditación o similares para lidiar con el estrés, es su efectividad durante la primeras prácticas y lo poco efectivo después de un tiempo de ejecutarlas.

Por qué resulta efectiva esta meta terapéutica y porque al inicio pueden favorecernos las técnicas que utilizamos para lidiar con el estrés y luego de un tiempo ya no nos ayudan. Y sobre cómo superar estas dificultades de la práctica, serán tratados en la segunda parte de este libro.

Pero cuando la situación se hace demasiado problemática, lo mejor siempre será acudir a un especialista, independiente que se ayude con las técnicas que aquí le ofrecemos.

Más sobre la meditación.

"Cada vez más y más gente medita para reducir el estrés, pero hasta ahora se sabía muy poco sobre el tiempo que había que destinar para obtener beneficios"

David Creswell, (Associate Professor Ph.D. Investigator del, UCLA)

Ya sabemos que calmar la mente es una manera rápida de eliminar las emociones tóxicas y el estrés. La meditación, además de calma mental también implica relajación, y al tener una mente flexible, el cuerpo también será flexible. Por tanto, la relajación física traerá relajación mental y viceversa. Lo podemos notar desde el inicio de las prácticas porque se disminuye el ritmo cardiaco y la presión sanguínea se estabiliza.

Esto a su vez, desacelera el metabolismo, equilibra y reduce el consumo de oxígeno y dióxido de carbono. De esta manera, la meditación literalmente desintoxica y alivia toda la estructura mente-cuerpo, a partir de una acción profunda sobre el sistema nervioso central. La meditación produce efectos psicológicos positivos, tanto a corto como a largo plazo. En el corto plazo nos brindará sensación de paz interior y bienestar general. Y si mantenemos el hábito de meditar regularmente, a largo plazo, sentiremos mayor satisfacción y productividad en el estudio y en el trabajo, así como mayor facilidad para despertar nuestra creatividad.

Las personas que practican meditación con frecuencia y consumen psicofármacos para la depresión, el insomnio o la ansiedad, podrán disminuirse gradualmente hasta incluso abandonarlos por completo.

Esto lo demuestran investigadores de la Carnegie Mellon University, Pittsburgh. Mediante la realización de un estudio llegan a la conclusión de que sólo hace falta practicar meditación al menos 25 minutos durante tres días seguidos para reducir de manera significativa el estrés. En estos estudios se demuestra que los beneficios cerebrales aparecen muy rápido. Hay incluso, otros estudios sugieren que es posible apreciar los beneficios cerebrales de la meditación con sólo diez minutos de práctica regular (Britton, 2007). [1]

---

[1] Otro estudio dirigido por Michael I. Posner, profesor emérito de Psicología de la Universidad de Oregon y *TangYi-Yuan*, profesor en el Instituto de Neuroinformática y el Laboratorio de Cuerpo y Mente en la Universidad de Tecnología de Dalian, China, mostró los niveles en que la meditación puede reducir el estrés. Este estudio llega a la conclusión que practicar meditación diariamente reduce la ansiedad hasta en un 44% y la depresión hasta en un 34%. Además, según esta investigación, la práctica regular de la meditación produce cambios permanentes en la percepción del mundo.

Hoy día, distintas Universidades del mundo están desarrollando investigaciones dentro de un campo que se ha denominado "neurociencias contemplativas". Este nuevo campo se dedica principalmente al estudio de las prácticas meditativas, mediante instrumentos de medición de la actividad cerebral; como la resonancia magnética, las neuro-imágenes, electroencefalogramas entre otras; con lo cual se pueden tomar fotografías de la actividad cerebral y percibir los cambios y modificaciones que tiene la meditación y otras prácticas contemplativas en el cerebro y el sistema nervioso. Esta tecnología permite medir los beneficios y dejar registro de sensaciones hasta hace poco "subjetivas" de los practicantes.

Estas Imágenes por resonancia magnética muestran que, después de un curso de ocho semanas de práctica de meditación, la amígdala, que es la zona del cerebro de "lucha-huida", parece encogerse. Esta región del cerebro, asociada con el miedo y la emoción, implicada en la activación de respuestas del cuerpo al estrés, al disminuir su tamaño pierde la preponderancia que tiene en la mente estresada e hiperactiva. Igualmente se comprueba que las conexiones entre las áreas asociadas con la atención y la concentración se hacen más fuertes que la actividad de la amígdala. También se encontró un incremento de la densidad de materia gris en el hipocampo, una zona del cerebro importante para el aprendizaje y la memoria, y en estructuras asociadas a la autoconciencia, la compasión y la introspección. Que también se ven beneficiadas por la disminución de frecuencia de las ondas cerebrales. Fuente; Asociación para la Ciencia Psicológica (2010, 16 de julio)

En otras palabras, nuestras respuestas más primitivas al estrés parecen ser sustituidas por otras más reflexivas. Y por ende se transforma la neuroquímica del cerebro y organismo, pues fluyen neurotransmisores distintos que nos generan sensaciones diferentes hacia los eventos diarios.

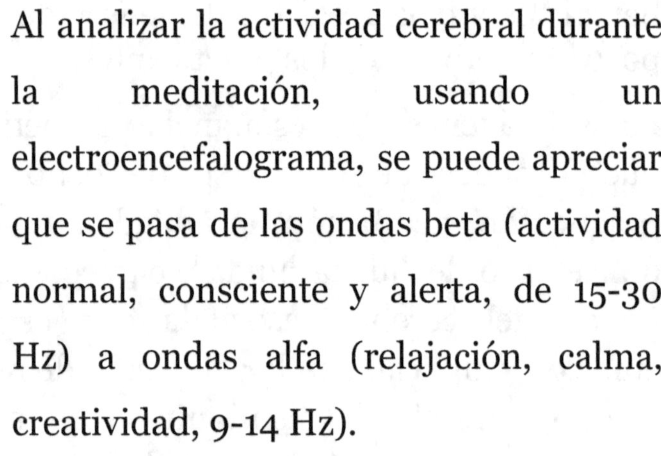

Al analizar la actividad cerebral durante la meditación, usando un electroencefalograma, se puede apreciar que se pasa de las ondas beta (actividad normal, consciente y alerta, de 15-30 Hz) a ondas alfa (relajación, calma, creatividad, 9-14 Hz).

En la meditación más profunda se pueden registrar ondas theta (relajación profunda, solución de problemas, 4-8 Hz) y en meditadores avanzadas se puede detectar la presencia de ondas delta (sueño profundo sin dormir, 1-3 Hz).

Otros beneficios de la meditación sobre el organismo

demostrados en laboratorio son:

Aumenta el grosor del cerebro, alivia la fatiga y la depresión en pacientes con esclerosis múltiple, impulsa la conectividad del cerebro, ayuda a incrementar la atención, reduce el impacto emocional del dolor, mejora las habilidades cognitivas, reduce en un 50% la posibilidad de sufrir un ataque cardíaco, está relacionada con una mayor actividad de la telomerasa (una enzima importante para la salud a largo plazo de las células en el cuerpo), alivia problemas de la piel, impulsa el sistema inmunológico, reduce trastornos de ansiedad, . Reordena la mente, mejora la comprensión de objetivos y motivaciones, equilibra el carácter, mejora la presión arterial rejuvenece las células, incluyendo las cerebrales. Prácticamente ayuda a aminorar todo el espectro de la medicina en general (Adrienne Taren 2014) Universidad de Pittsburgh.

Mateus Rickard; catalogado como el hombre más feliz del mundo, biólogo molecular y monje budista por más de 40 años de práctica de meditación, dice que la neurociencia contemplativa está en una edad de oro. Entonces hay que aprovechar este momento para desarrollar técnicas que permitan entender cómo se producen estos efectos y replicarlos de manera distinta. En especial el cambio de frecuencias cerebrales que produce la meditación.

En la bibliografía se dejan las referencias a estas investigaciones, algunos links y títulos de revistas y libros donde se han publicado.

Capítulo 5

Introducción a
Neurocódigos para sanar el estrés

Lo más grande en toda educación es hacer a nuestro sistema nervioso nuestro aliado en lugar de nuestro enemigo.

William James.

En esta parte del libro haremos una breve introducción a una metodología propia, desarrollada a partir de los aportes de la psicología transpersonal, y las neurociencias contemplativas para la sanación del sistema nervioso central, la integración de los hemisferios cerebrales y la activación de los centros energéticos del ser humano, aprendiendo a controlar las ondas cerebrales y por ende entrenar la capacidad de reducir el estrés del organismo, entre otros beneficios.

De este modo con estas técnicas se pretende acceder a más del 80% de nuestra mente que es inconsciente, donde están grabados los más arraigados pensamientos, tendencias y costumbres que tenemos.

Por tal motivo se hace necesario desarrollar técnicas más simples para acceder a estos estados e integrarlos a la vida cotidiana del hombre actual, con el rigor del método científico tradicional.

Por tanto, necesitamos herramientas que nos permitan llegar a estos niveles sanadores y seguir viviendo nuestra vida con sus retos y necesidades, como nos demandan las leyes de supervivencia. Estas herramientas nos deben facilitar el poder vivir sin estrés en medio del estrés, o sea, debemos poder practicarlas en nuestro entorno cotidiano e integrarlas a nuestro ritmo de vida.

Aquí intentamos hacer un aporte a esta nueva corriente de ciencias alternativas y transpersonales, proponiendo una síntesis de métodos comprobados para llegar a los niveles alfa y theta del cerebro, accediendo a la relajación y descanso de estos estados reparadores. Estados que, como ya he dicho antes, activan el sistema endocrino, e inmunológico y el sistema nervioso parasimpático, favoreciendo la reparación natural del organismo. Por ello le hemos dado el nombre de método *Συνθετικό* o Sintético de neurocodificación, que procede del griego síntesis.

Ésta metodología surge de la necesidad de sintetizar metodologías con fines similares que proceden de tradiciones distintas. Pues en la actualidad, gracias a integración cultural, se puede hacer un trabajo sintético de articulación de sobresalientes metodologías de unificación de la consciencia.

Este esfuerzo se está dando en muchas partes del mundo, donde cada día surgen nuevos tipos de terapias de inspiración cuántica, bioenergética e integradoras de distintas ciencias y saberes ancestrales con el rigor empírico de la ciencia occidental.

Motivados en esta búsqueda, ahora presentamos un sencillo sistema que tras su práctica diaria logra eliminar el estrés y otros síntomas relacionados con el mal empleo de la propia energía vital, sintetizando elementos comunes a distintas prácticas de activación de los estados arriba mencionados. Hoy en día podemos acceder a niveles profundos de la consciencia, utilizando los elementos fundamentales de estas técnicas de conexión interior, adaptados a las condiciones del humano de hoy.

En este apartado haremos una presentación de esta síntesis y cómo aplicarla en tu trabajo de procesamiento del estrés y de sanación en general.

Es posible condensar las acciones fundamentales en un protocolo de acción que tiene por objetivo activar la energía del símbolo, gesto, postura u objeto empleado como activador a su vez de impulsos cerebrales, con ciertas órdenes o estímulos a nuestro cerebro inconsciente. Para reparar circuitos dañando o poco utilizados, generando un libre fluir de la energía vital y su consiguiente efecto sanador.

Con esta propuesta se busca aprovechar el poder

sanador de las ondas alfa y theta mediante la combinación de técnicas progresivas de fortalecimiento atencional, relajación e integración de la conciencia.

Los fundamentos de este sistema, están en la misma naturaleza de la dinámica bioenergética humana. En las propiedades de la mente, del sistema nervioso central y los distintos estados de conciencia.

Como se ha explicado antes, el cerebro emite distintos impulsos electroquímicos y dependiendo de la frecuencia de esas pulsaciones o ciclos, se va a generar un determinado estado de conciencia, sea este de vigilia, sueño o trance. A mayor frecuencia cerebral, va a tener menor capacidad de sanación. Cuanto más baja es la frecuencia cerebral, mayor es su capacidad de reparación.

La experiencia de los estados trascendentales y sanadores es vivida por todos los seres humanos cuando entramos en el sueño. Pero cómo dicha entrada a tales estados de reposo y reparación natural del organismo se hace de forma inconsciente, no tenemos el mínimo control sobre éstos, dejando que actúen nuestros instintos y deseos reprimidos en tal proceso. De ahí las temáticas de angustia, miedo y frustración que prevalece en muchos sueños.

En cada nivel de vibración del organismo tenemos unas sensaciones específicas, que nos ayudan a sanar o a enfermar. Es imposible guardar sentimientos de enojo y culpabilidad en el nivel Alfa. En este nivel se recupera la energía malgastada en tensiones y se liberan los poderes curativos del cuerpo.

Al igual que la meditación, la metodología que recomendamos en este libro, llega al centro del sistema nervioso central, pasando por los niveles alfa y delta de consciencia.

Esto elimina los agentes patógenos de la tensión. Logra activar el poder sanador del organismo y en muchos casos puede producir un descanso más profundo que el del sueño.

Por ende nos facilitan el acceso a estados profundos del ser, porque nuestra naturaleza es conectarnos con esos estados. Aunque hemos olvidado el camino, sin embargo lo hacemos todas las noches al dormir.

Así pues, aprovecharemos esta entrada a tal estado de relajación profunda que nos brindan las ondas alfa y theta, para empezar a generar emociones y pensamiento positivos, que se van intercalando en la dinámica natural del pensamiento, logrando así mayores beneficios.

Con esto se pretende que los pensamientos vayan cambiando de manera gradual, sin violentarlos. No se puede suspender el pensamiento de manera rígida, pues la naturaleza de la mente es pensar. Esto es lo que pretenden hacer muchos principiantes de meditación, creen que se trata de dejar la mente en blanco y no pensar. Por eso se aburren o les dan dolores, porque están actuando en contra de la naturaleza de la mente, provocando a su vez más tensión.

Sin embargo el silencio se encuentra en el espacio que hay entre pensamiento y pensamiento, pero por nuestra falta de entrenamiento, los pensamientos se anteponen los unos a los otros en una dinámica agotadora que nos roba paz y energía vital.

De este modo, las técnicas vienen a ser como una especie de claves que van generando espacios en ese entramado de pensamiento y emociones desordenadas que se suceden uno tras otro en nuestra mente, o interpuestos los unos a los otros sin orden y con un costo muy alto de energía vital.

Con el tiempo de práctica y con la implementación de todas las claves completas del método Συνθετικό, se logrará obtener un ritmo natural del flujo de pensamientos, enfocados en el ahora, con mayor silencio interno y un aumento de los estados de consciencia.

Sin embargo el asunto no consiste en la reprogramación de nuestra mente, para convencernos de modo quizá subliminal de que todo está perfecto, sin estarlo. El método se enfoca en el desbloqueo del pensamiento a partir de la elaboración de emociones y sentimientos reprimidos, con la consiguiente liberación de espacio en nuestra capacidad de procesar información.

Su metodología es similar a algunas otras técnicas, pero en esencia es mucho más sencilla. De hecho se sorprenderá de los sencillas que son las técnicas una vez las aprenda.

Para su práctica, se siguen las mismas recomendaciones dadas al inicio de este apartado, aunque no es necesario asumir alguna postura corporal determinada, ni sostener la atención por tiempo indefinido en un punto o en un mantra, o en una visualización, ni pertenecer a una orden monástica, o algo por el estilo. Podemos practicar en privado, o en grupo. También lo podemos hacer mientras ejercemos nuestras labores diarias.

Estas técnicas permiten monitorizar las respuestas del cuerpo bajo unas condiciones reales, inclusive en el puesto de trabajo, sin que interfieran en su rutina diaria de vida. De esta manera se pueden identificar aspectos negativos o adversos del entorno psicosocial, así como los factores de protección, amortiguadores que le protegerán contra influencias potencialmente nocivas.

Como te decía, actualmente, existen muchas técnicas de reprogramación mental que también aprovechan esta entrada al nivel alfa para crear patrones más saludables de pensamiento. Estas prácticas pueden ser muy útiles en una terapéutica del estrés y obtener logros en la vida, pero al igual que se dijo de la meditación, utilizan una metodología diferente a la empleada por nosotros para llegar a tales estados de sanación emocional.

La práctica de uno u otros métodos es la preferencia de cada usuario, lo que importa es que sienta los beneficios tras realizarlas.

Tales técnicas, incluyendo las de meditación, ayudan a recuperar y asimilar el estado del ser anterior a los siete años. Antes de esa edad, teníamos mayor conexión con nuestra consciencia, no estábamos tan dominados por la mente, nos permitíamos expresar nuestras emociones, éramos más vulnerables y sinceros con nosotros mismos y los demás, sentíamos una gran curiosidad, una energía sin final, una sensación de paz y alegría por existir.

Todo eso se va perdiendo con la cultura que nos impone un modo de comportamiento que niega nuestras emociones para no quedar mal ante los demás. Una cultura que nos impone la creación de un ego, interconectado con las ilusiones del ego de los demás. Por tanto nuestra meta es una edad mucho más temprana, cuando estábamos libres de las cadenas del ego y del condicionamiento del lenguaje, los cuales nos separan de la realidad del momento presente y de nuestro ser interno.

El "cuerpo emocional del ser humano" es de

naturaleza más sutil que la del sistema nervioso central, tanto que está formado de plena energía. Sin embargo ambos pueden influirse mutuamente. Un bloqueo o excitación en alguno, se manifestará como tensión o ansiedad en el otro. Por ello nuestra propuesta busca llegar a estos bloqueos del sistema nervioso, y activar su conexión con la energía del cuerpo sutil, para facilitar su circulación por todos nuestros sistemas.

Las técnicas consisten en tres claves o neurocódigos para abrir y armonizar los centros nerviosos principales. Como ya explicamos, a partir de la influencia sobre estos centros, se puede influenciar al sistema nervioso central y por ende al organismo en general y a la mente. Para que esto sea más provechoso te recuerdo las recomendaciones que di desde el inicio de este libro: además de una práctica regular de ejercicio físico, una alimentación saludable, toma al menos 8 vasos de agua y empieza a expresar asertivamente tus emociones.

Los tres elementos de los que consta cada neurocódigo, están presentes en la mayoría de métodos tradicionales para expandir la conciencia: calmar la mente, activar las ondas cerebrales sanadoras, desactivar bloqueos del ego, facilitar el silencio interno, para liberarnos de los condicionamientos del lenguaje, retornar a los ritmos naturales del pensamiento y conectar con emociones trascendentes.

Estas claves o comandos son muy sencillos de aprender y practicar y a su vez constan cada una de tres elementos que siempre debes tener en cuenta, pues ellos van enfocados a cada uno de los aspectos que sostienen el nudo condicionante de lenguaje, ego y emoción. Pero Antes de presentar las técnicas en sí, y a modo de sensibilización a los elementos que se ofrecen más adelante, les comparto un cuento de Jorge Bucay titulado "La ciudad de los pozos", que como la buena poesía nos explica mejor las verdades del ser, con hermosas alegorías.

"Esta ciudad no estaba habitada por personas, como todas las demás ciudades del planeta. Esta ciudad estaba habitada por pozos. Pozos vivientes... pero pozos al fin.

Los pozos se diferenciaban entre sí, no solo por el lugar en el que estaban excavados sino también por el brocal (la abertura que los conectaba con el exterior). Había pozos pudientes y ostentosos con brocales de mármol y de metales preciosos; pozos humildes de ladrillo y madera y algunos otros más pobres, con simples agujeros pelados que se abrían en la tierra.

La comunicación entre los habitantes de la ciudad era de brocal a brocal y las noticias cundían rápidamente, de punta a punta del poblado.

Un día llegó a la ciudad una "moda" que seguramente había nacido en algún pueblito humano: La nueva idea señalaba que todo ser viviente que se precie debería cuidar mucho más lo interior que lo exterior. Lo importante no es lo superficial sino el contenido.

Así fue como los pozos empezaron a llenarse de cosas. Algunos se llenaban de cosas, monedas de oro y piedras preciosas. Otros, más prácticos, se llenaban de electrodomésticos y aparatos mecánicos. Algunos más optaron por el arte y fueron llenándose de pinturas, pianos de cola y sofisticadas esculturas posmodernas.

Finalmente, los intelectuales se llenaron de libros, de manifiestos ideológicos y de revistas especializadas.

Pasó el tiempo.

La mayoría de los pozos se llenaron a tal punto que ya no pudieron incorporar nada más. Los pozos no eran todos iguales así que, si bien algunos se conformaron, hubo otros que pensaron que debían hacer algo para seguir metiendo cosas en su interior...

Alguno de ellos fue el primero: en lugar de apretar el

contenido, se le ocurrió aumentar su capacidad ensanchándose. No pasó mucho tiempo antes de que la idea fuera imitada, todos los pozos gastaban gran parte de sus energías en ensancharse para poder hacer más espacio en su interior.

Un pozo, pequeño y alejado del centro de la ciudad, empezó a ver a sus camaradas ensanchándose desmedidamente. Él pensó que si seguían hinchándose de tal manera, pronto se confundirían los bordes y cada uno perdería su identidad...

Quizás a partir de esta idea se le ocurrió que otra manera de aumentar su capacidad era crecer, pero no a lo ancho sino hacia lo profundo. Hacerse más hondo en lugar de más ancho.

Pronto se dio cuenta que todo lo que tenía dentro de él le imposibilitaba la tarea de profundizar. Si quería ser más profundo debía vaciarse de todo contenido...

Al principio tuvo miedo al vacío, pero luego, cuando vio que no había otra posibilidad, lo hizo.

Vacío de posesiones, el pozo empezó a volverse profundo, mientras los demás se apoderaban de las cosas de las que él se había deshecho...
Un día, sorpresivamente el pozo que crecía hacia adentro tuvo una sorpresa: adentro, muy adentro, y muy en el fondo encontró agua!!!.

Nunca antes otro pozo había encontrado agua... El pozo superó la sorpresa y empezó a jugar con el agua del fondo, humedeciendo las paredes, salpicando los bordes y por último sacando agua hacia fuera.

La ciudad nunca había sido regada más que por la lluvia, que de hecho era bastante escasa, así que la tierra alrededor del pozo, revitalizada por el agua, empezó a despertar.

Las semillas de sus entrañas, brotaron en pasto, en tréboles, en flores, y en tronquitos endebles que se volvieron árboles después...
La vida explotó en colores alrededor del alejado pozo al que empezaron a llamar "El Vergel".

Todos le preguntaban cómo había conseguido el milagro. -Ningún milagro- contestaba el Vergel- hay que buscar en el interior, hacia lo profundo...

Muchos quisieron seguir el ejemplo del Vergel, pero abandonaron la idea cuando se dieron cuenta de que para ir más profundo debían vaciarse.

Siguieron ensanchándose cada vez más para llenarse de más y más cosas...

En la otra punta de la ciudad, otro pozo, decidió correr también el riesgo del vacío...

Y también empezó a profundizar...
Y también llegó al agua...
Y también salpicó hacia fuera creando un segundo oasis verde en el pueblo...

-¿Qué harás cuando se termine el agua?- le preguntaban. -No sé lo que pasará- contestaba- Pero, por ahora, cuánto más agua saco, más agua hay.

Pasaron unos cuantos meses antes del gran descubrimiento.

Un día, casi por casualidad, los dos pozos se dieron cuenta de que el agua que habían encontrado en el fondo de sí mismos era la misma...Que el mismo río subterráneo que pasaba por uno inundaba la profundidad del otro.
Se dieron cuenta de que se abría para ellos una nueva vida. No sólo podían comunicarse, de brocal a brocal, superficialmente, como todos los demás, sino que la búsqueda les había deparado un nuevo y secreto punto de contacto:
La comunicación profunda que sólo consiguen entre sí aquellos que tienen el coraje de vaciarse de contenidos y buscar en lo profundo de su ser lo que tienen para dar..." (Jorge Bucay)

Al interior nuestro hay un pozo como el del cuento. La fuente de la eterna juventud de la que hablan los mitos y que obsesionó a los conquistadores españoles, está dentro de nosotros. El misterio para permanecer por siempre joven está en hacer contacto con dicha fuente, pues un espíritu joven está conectado con la alegría y el disfrute de existir. Por algo decía jocosamente Picasso que *"cuando se es joven se es joven para siempre"*.

Nos podemos conectar y comunicar con esta fuente interna de vitalidad y tener una vida plena, donde nuestros anhelos se hacen realidad. Esta clase de vida resulta más llevadera que la continua lucha contra las imposiciones de un exterior desagradable.

Distintos métodos nos permiten descubrir esta chispa íntima e identificarnos con ella, dándonos libertad y autonomía en la construcción de nuestro ser. Y así desplegar nuestro potencial creador para volvernos co-creadores del Universo.

Esta fuente de energía interna tiene el poder de sanarnos de una existencia llena de temores y obstáculos de origen inconsciente, permite liberar nuestro potencial divino, romper nuestras cadenas generacionales, desatar los nudos de la mente y del lenguaje para mostrarnos la realidad del ser.

Vamos a llegar a esta energía interna de manera gradual. Al inicio sentiremos su contacto durante el tiempo que dure la aplicación de cada clave y unos instantes posteriores, luego la duración de estas sensaciones irá aumentando, hasta lograr experimentar permanentemente estas sensaciones y sus beneficios.

Desneurocodificacion del estrés.

Mira todo como si lo estuvieses viendo por primera o última vez. Entonces tu tiempo en la tierra será llenado de gloria

.-Betty Smith.

Ya que conocemos las características y bases neurofisiológicas del estrés, usted ya habrá practicado alguna de las técnicas mencionadas arriba y ha empezado a observar sus reacciones en situaciones de estrés. Ya está listo para empezar en serio su proceso de sanción, ya cuenta con material por eso vamos ahora a elementos que quizá ha descubierto en esa investigación sobre usted mismo.

Vamos a trabajar las emociones básicas encerradas en nuestro organismo en las que este se basa y son el miedo y muy relacionado con el miedo está la escasez la soledad, el abandono.

Vamos a trabajar todo esto reunido en una esfera del miedo, todos nuestros miedos en los chakras o cuerpo energético inferior, la Cólera, la irascibilidad, el enojo, el salirse de control, salir de la ropa, la ira, la furia, vamos a trabajar todos estos elementos que tiene que ver con estas emociones que se nos salen de control aquí vamos identificar todo el sistema de la respuesta huida ataque, la supervivencia, la reactividad ante el entorno, las reacciones primarias, y las reacciones exageradas, como emociones básicas.

En el segundo neurocódigo vamos a trabajar todo lo que es el control, la manipulación, la dependencia emocional, la codependencia que también son emociones como tales, sino comportamientos , acciones más estereotipados, más estructurados en la personalidad y los estados de ánimo, la tristeza, la depresión, emocione viscerales y elaboradas, más de la mente, y en último vamos a trabajar lo que es el espíritu, el sentirse dividido, separado de la Divinidad, está unido con la esencia, con el prana el chi, el ánima mundi, vamos a trabajar esta conexión qué son los neurocódigos que vamos a trabajar para el estrés, vamos a verlos uno por uno.

Por eso separamos la presentación de cada una de estas en dos secciones aparte del libro, pues esperamos que la practica ayude a sensibilizar ante el material que le ofrecemos a continuación y que este ayude a comprender mejor los efectos de las practicas.

Elementos de la técnica

No tienes que controlar tus pensamientos. Solo tienes que parar de dejar que ellos te controlen a ti.

-Dan Millman.

Estas herramientas que presentamos aquí tienen un carácter sensibilizador e introductorio al método, y pese a su aparente sencillez son, como su nombre lo dice, el desarrollo de la síntesis de muchas otras técnicas de integración de la conciencia.

Las demás técnicas requieren mayor guía personal, por lo cual recomendamos su aprendizaje en talleres personales con la orientación de algún instructor cualificado, donde además se puede desarrollar otro de los pilares fundamentales del método que es la verbalización de estas situaciones angustiantes y tensionantes, en un grupo de apoyo o de practicantes.

Cada técnica de desneurocodificación, consta de tres elementos, que son compartidos por la mayoría de técnicas de integración de la consciencia y que a continuación paso a describir. Cuando se integran estos tres elementos, se activa un comando de conexión con la consciencia interna, que nos permiten desplegar nuestro potencial de sanación y trascendencia, propias de las demás técnicas contemplativas.

El primer elemento, para activar cualquier neurocódigo es la concentración en algún punto del cuerpo sutil (Chacras). En este caso vamos a ubicar la atención en el chacra del corazón para activar el primer neurocódigo comando del método, en el chacra del entrecejo en el segundo y en el chacra coronario el tercero.

El segundo comando de la clave de activación, es una frase específica, al estilo decreto o invocación, que activa un centro energético del cuerpo sutil o chacra y evoca una emoción de carácter transpersonal.

Esta frase tiene integrado un comando especial que permite ir hacia nuestro interior y liberarnos de las trampas del ego. Esto va integrado al propósito del tercer elemento de la clave, de activación de un neurocódigo y es la identificación con una emoción de orden transpersonal o por decirlo de otro modo, una energía universal.

Esta energía externa concentrada sobre el punto del cuerpo emocional específico y la evocación de los estímulos sensoriales del neurocódigo evocado son fundamentales para la activación de los canales profundos del sistema nervioso central.

Pues para abrir un centro energético, se necesita además de mucha energía, un propósito definido hacia el despertar de la consciencia, y así poder subir las vibraciones del cuerpo energético. A medida que vamos silenciando la mente, adquirimos ambos elementos. Pero como el silencio interno es una de las cosas más difíciles de lograr en este planeta. Este silencio irá llegando de manera gradual, luego de una práctica continua de estas técnicas por períodos más prolongados de tiempo y los elementos adicionales que mencionamos para una vida equilibrada.

El silencio se encuentra en el espacio que hay entre cada pensamiento, a medida que vamos aplicando cada clave se va produciendo un pequeño espacio de consciencia interna que con la práctica se va ensanchando hasta el punto de hacerse permanente.

Por esto no se recomienda forzar la mente a estar en silencio, éste va llegando con el tiempo de práctica continua. Tampoco se recomienda sostener la atención por mucho tiempo durante la aplicación de cada neurocódigo, pues puede generar tensiones y malestares. El silencio irá llegando en su momento con sus bondades. Por ahora solo preocúpate por conectarte con tu ser interno y disfrutar de las emociones positivas que este contacto íntimo te genera.

En un múltiple esfuerzo de disminución de la conciencia racional y conexión con fuentes de energía superiores y activación de energías internas, se facilita la ruptura con la falsa identidad que nos hemos formado durante nuestra inmersión en la cultura y que según las teorías presentadas en este libro, es donde se forman muchos de nuestros síntomas y tensiones.

Este tercer elemento consiste, según lo que acabo de decir, en conectarnos con un sentimiento o emoción de orden superior con el cual nos vamos a identificar.

Las emociones que proponemos son transpersonales, en el sentido que no son cualidades de una personalidad específica sino que están relacionadas con una conciencia de armonía, y bioenergéticas en el sentido que pueden ser consideradas fuentes de energía que fluyen libres en el Universo y que se pueden captar en el entorno como la paz el amor, la luz, la compasión, entre otras.

De este modo vamos perdiendo la identificación con la falsa personalidad, que nos mete en problemas y nos abrimos a vibraciones de orden superior que hacen parte de todo lo existente.

Un adagio de la tradición de la meditación dice que "nos convertimos en aquello en lo que pensamos". De hecho existe una corriente de meditación de la india llamada el batki yoga que utilizan como objeto de meditación las cualidades de alguna divinidad o la divinidad como tal, en una práctica de devoción y entrega amorosas hacia el ser de contemplación. En ella también se puede emplear la imagen de algún santo o maestro viviente de alguna tradición específica.

Ellos consideran que solo eso es necesario para obtener todos los beneficios de la meditación. Se identifican con esas cualidades y de alguna manera esto logra transformar su vida, porque se conectan con la fuente de poder que emanan de esas cualidades de su objeto de devoción.

De este modo se conectan con la cualidad de su deidad, santo o maestro, que por la ley cuántica del contagio vibracional, logran subir las vibraciones del aura del practicante. De este modo la imagen del santo o la divinidad logra adquirir los atributos de neurocódigos con sus efectos energéticos y neuronales.

Después de entender los elementos básicos que continuar la representación gráfica de un neurocódigo o elegido uno famoso que cumpla con estos requisitos se debe proceder a su activación.

Para que un neurocódigo pueda cumplir su papel reparador debe ser activado, pues aunque su mera representación aporta energía y poder, por sí sólo carece de la facultad de integrar y reparar que se pretende

En nuestro método empleamos un comando clave para cada neurocódigo, que se activa diciendo mentalmente la frase desbloqueadora de energía emocional y llevando toda la atención por unos instantes al punto del cuerpo energético específico de la clave, para conectarnos con esa emoción de orden transpersonal que evocamos. Luego de unos instantes soltamos cada uno de los comandos evocados, soltamos la atención del punto sugerido y permitimos a los pensamientos continuar con su flujo normal.

Al igual que en los lenguajes de programación de software se basan en comandos y en secuencias de palabras para dar órdenes al sistema, así también nuestra mente está estructurada a partir de las leyes del lenguaje, donde algunas palabras están asociadas con ciertas emociones y generan estas reacciones en nosotros.

Recuerda que cada clave es semejante a un pensamiento, no debe ser una repetición al estilo "mantra" o "simran", las cuales son unas técnicas muy poderosas, para enfocar la mente en la meditación. Pero su contexto práctico es muy distinto al que ofrecemos en esta propuesta.

Son diferentes a estas técnicas en el aspecto de la repetición y el sostenimiento de la atención. En otras palabras, esta metodología busca propósitos semejantes a la meditación y otras prácticas contemplativas, pero es más sencilla y por tanto no es una técnica de meditación como tal. No obstante su sencillez, logra llegar en ocasiones a niveles tan profundos o más con menor esfuerzo.

Las técnicas presentadas se deben aplicar de forma

regular, permitiendo el flujo de pensamientos, observando cómo surgen, pero sin identificarse con ellos, tomando distancia de cada situación evocada. Poco a poco logramos irnos diferenciando de las distintas identificaciones de nuestro ego en cada una de las situaciones revividas.

Entonces, lo que se busca es romper esa identificación con la mente, y el ego, de forma sutil pero constante. Así se va fortaleciendo la facultad de la atención, se amplían las experiencias de silencio interno, la integración de los hemisferios cerebrales y la toma de conciencia sobre los asuntos implicados en nuestras vivencias. Lenta y continuamente, esta autobservación nos va revelando el entramado emocional del que estamos presos, la codificación de nuestra mente y el camino para escapar.

Como dije antes, en el espacio entre pensamiento y pensamiento está el presente, el ser y la consciencia. A medida que este espacio se va aumentando, nos encontramos con nuestra realidad interna.

También van desapareciendo las producciones patológicas que la personalidad va creando, las barreras de percepción y de comunicación y podemos descubrir la relación implícita de nosotros con el todo.

En la medida que conectamos nuestro pensar y sentir con esta corriente de emociones positivas, nuestro cuerpo se irá llenado de este tipo de hormonas, procurándonos un estado de ánimo más alegre, tranquilo y relajado. Podemos reaccionar de manera más objetiva ante los acontecimientos, enfocándonos más en el ahora.

Cuando voy hacia adentro, desenmascaro las energías que me impulsan a ir hacia el afuera y que se identifican con el temor. También comienzo a amar y a disfrutar esa energía y permito que se disuelva en ese amor que crece en mí, pues puedo ver que el miedo no es real ahora, sino algo del pasado que me hace querer controlar, como si fuera a perder algo o se fuera a repetir alguna situación.

Al conectarnos con nuestro ser interno, tenemos momentos de no mente en esos instantes es donde fluye la consciencia y son los que debemos prolongar para que los estados de plenitud y unidad que surgen como destellos de luz, se prolonguen en el tiempo y sean parte integral de nuestra experiencia de vida. Luego usas los momentos de preocupación para parar y ver, sentir y cambiar.

Y así vas a ir quitando esa energía, esa carga ligada al pasado que está tiñendo este momento presente y no te permite crear algo nuevo sino que te deja estancado en ese pasado, cuando éste es un momento nuevo: ¡ahora!

Recomendaciones para practicar con los ojos cerrados:

A veces, cuando las personas están bajo mucho estrés, odian pensar, y es en ese momento cuando más necesitan pensar.

-William Clinton

Lo ideal es que podamos hacer al menos una hora diaria de prácticas con los ojos cerrados, las cuales se pueden repartir, como he dicho antes, en tres tandas de 20 minutos o cuatro de quince efectuados en distintos momentos del día.

La práctica de estas claves con los ojos cerrados produce un efecto de sanación profunda, pues, como ya explicamos, son comandos que activan los procesos de conexión interna del sistema nervioso central, bajan el ritmo de las ondas cerebrales, facilitan el fluir de la energía vital y llevan al descanso.

Por eso debe hacerse en un lugar tranquilo y si es posible con otras personas que estén practicando las mismas técnicas. Si te resulta difícil encontrar otras personas con quien practicar, en nuestra página www.vivirsinestres.org, encontrarás un grupo de apoyo permanente dispuesto a apoyarte en tus prácticas.

Con los ojos abiertos también se pueden practicar, de hecho se pueden practicar cada vez que nos acordemos de ellas, en cualquier lugar que estemos, pues esto ayuda en nuestro proceso de desidentificación con lo externo.

Ambos modos de practicar pueden ayudarnos en nuestro proceso de sanación interna, también nos ayudan a tomar consciencia del momento presente y distanciarnos de situaciones que nos están afectando emocionalmente. De este modo, la técnica se convierte en una especie de protección de factores estresantes del ambiente. Cuando se practica con los ojos abiertos, las demás personas no tienen por qué enterarse de la práctica, puede ser en un bus, en una fila, caminando, alimentándose.

Sin embargo se sugiere cerrar los ojos la mayoría de las veces, porque además de ayudarnos con todo lo anterior, sus efectos logran ser más profundos. Es con los ojos cerrados que se logra mayor activación de la glándula pituitaria, las ondas cerebrales de baja frecuencia y su poder reparador. Por ello, al practicar con los ojos cerrados debes buscar un lugar adecuado para dedicarte solo a la práctica, donde no seas interrumpido durante algunos minutos.

Luego de esto cierra los ojos y como se pretende llegar a un nivel interno profundo, se recomienda, evitar cualquier tipo de estímulo que pueda afectar los sentidos, como los perfumes, inciensos, la temperatura exagerada. Tampoco es aconsejable música, pues ésta mantiene la mente en un nivel específico y en cierto modo la música puede tener en sí neurocódigos que distraigan la consciencia del neurocódigo que vamos a utilizar.

Luego adopta una posición cómoda, no es necesaria para el trabajo una postura específica; puede ser acostado, aunque para hacer la práctica acostado es mejor asumirla después de las primeras semanas o acompañado de un guía experimentado, pues al principio el organismo y la mente están tan cargados de estrés, que se suele quedar dormido. Este tipo de reacción es favorable para el proceso de sanación porque satisface la necesidad del cuerpo de dormir, que puede estar alterada, pero a largo plazo dificulta la toma de consciencia como tal.

Una vez asumida una postura cómoda en un lugar adecuado, se ejecuta la primera técnica enseñada en nuestro taller práctico, o la inicial que ofrecemos en este libro. Toda la atención debe estar enfocada en la evocación de los elementos de la misma, cuidando de no violentar el proceso de pensar. Recuerda que estas técnicas operan con la misma dinámica del pensamiento, de ahí que puedan modificarlo de manera sutil, sin ejercer presión sobre el mismo. Por ello se recomienda una práctica continua para que los resultados se manifiesten en las primeras siete semanas de práctica constante.

No es indispensable concentrarse en la respiración, ni hacer una relajación previa. La respiración se irá regulando de manera gradual con el avance en el ejercicio de las prácticas. Las tensiones musculares también se irán soltando de manera espontánea, luego de practicar continuamente.

Hay que hacer estos ejercicios con calma y paciencia, aunque no salga perfecto la primera vez, volverlo a intentar de nuevo, con perseverancia, sin prisas. Hacerlo y seguir con lo cotidiano, así   iremos reeducando nuestra mente profunda en estas prácticas.

A continuación se describen dos técnicas muy sencillas, que además de servir para el alivio de la tensión, ayudan a tomar conciencia de la energía interior. También ofrecemos una técnica intermedia que sirve tanto de apoyo a las dos principales, o bien puede practicarse de manera independiente. Se trata de una técnica de conciliación del sueño y se practica de manera individual. Las otras dos se pueden practicar a solas o en grupos, y con los ojos abiertos o cerrados.

El orden en que se presentan estas técnicas corresponde a una lógica sobre el fluir de la energía interna por los conductos del cuerpo sutil.

No hace falta evocar situaciones, permite fluir todo lo que venga a la mente: pensamientos, sentimientos, imágenes y si no te vienen te imaginas situaciones, lo importante no es solucionar tal problema particular, sino la reeducación de la mente infantil y sanación del ego.

La mente ególatra y resentida que opera en la mayoría de situaciones relacionadas con el malestar y la tensión. Por tanto estas técnicas ya no son para solucionar los problemas de ahora, es para reeducar la mente profunda, la mente infantil (Para solucionar los problemas son las técnicas de reparación emocional de la 1ª y 2ª partes), hay que hacer todo lo posible por mantenerse en este estado de ingenuidad infantil que adquieres al ir practicando estas técnicas.

Este trabajo es simple, no ha de ser una técnica fría, ha de partir de la comprensión adulta en la medida que se intuye lo que fluye de tu propio ser. y lentamente al cabo de los días y semanas de practica va surgiendo realmente la identidad constante de uno, y amorosamente lograr instruir a la parte infantil que está todavía presente con las ideas antiguas, e instruir esta mente de acuerdo con lo que es la verdad de nuestro propio ser.

Es indispensable ser guiado la primera vez, por eso este ejercicio y los demás del método sintético de integración de la consciencia se enseñan en los talleres presenciales, pero por su sencillez se puede seguir aplicando de manera inmediata.

De todos modos presentamos aquí una inducción y anexamos un audio que nos será de mucha ayuda para iniciarnos en su práctica. Sólo hay que recordar los tres elementos de los que te hablé en el apartado anterior, que componen cada técnica del método, para activar sus comandos y son:

- La concentración en un punto del cuerpo sutil o chacra.
- un estímulo sensorial, imagen o sonido activadores del SNC

- Una frase-llave activadora o comando.

- Una emoción o sentimiento sublime, de una cualidad transpersonal con la cual nos iremos identificando, y que nos dará energía adicional para sanarnos, hasta obtener una conexión directa con la verdadera esencia de nuestro ser interno.

Primer neurocódigo para procesar el estrés

Cada día tiene una opción: practicar el estrés o practicar la paz.

-Joan Borysenko.

Soy Paz:

Dicho esto, una vez nos hemos puesto cómodos, cerramos los ojos y llevamos toda nuestra atención al corazón, imaginando un corazón blanco incandescente y decimos mentalmente la frase "Soy paz".

Mantenemos la atención en nuestro corazón durante algunos instantes, y a medida que visualizamos y sentimos las radiaciones amorosas del corazón blanco incandescente nos conectamos con las cualidades impersonales del sentimiento de paz del que se compone el Universo.

Todo nuestro cuerpo se llena de esas sensaciones, poniéndonos en resonancia con sus vibraciones sutiles, a medida que se van despejando bloquemos emocionales desde el centro del corazón hacia todo el organismo.

Luego de unos breves instantes que dura esta contracción de toda nuestra atención en el corazón, soltamos la atención y la imaginación, quedando en un estado de normalidad, pero más tranquilo y atento con cada repetición

Repetimos esta frase y una vez más llevamos la atención a nuestro corazón, sosteniéndola algunos instantes de manera sutil, sin forzar, para después de unos instantes soltar la atención de este punto de concentración. Lo hacemos de nuevo cada vez que retornen los pensamientos y sea necesario volver a generar ese espacio interno, haciéndolo de manera natural, sin sofocar el flujo de pensamientos.

A medida que vamos ejecutando la técnica, vamos sintiendo como nos adentramos en nosotros mismos, permitimos que el flujo de emociones y pensamientos siga su curso natural y se despeje nuestra mente y el cuerpo se relaje. La sensación de paz evocada, inunda nuestro cuerpo y empieza a calmar el sistema nervioso central.

Las neuronas que están en el corazón, van soltando su tensión, expandiendo las sensaciones de calma y bienestar, mientras nos conectamos con esa energía sutil que inunda el Universo, llenándonos de sensaciones de paz, tranquilidad y sentimientos positivos.

El corazón es el centro de la vida, es el único órgano que no genera cáncer. Es el motor del cuerpo, pero además es un centro nervioso muy importante y está relacionado con el chakra del corazón, el cuarto chacra de la tradición hindú.

Algunos científicos han considerado que las neuronas que existen en el corazón son responsables de cierta inteligencia, que podría ser la inteligencia emocional, por tantas alusiones a los sentimientos relacionados con el corazón.

Con este ejercicio estamos activado este importante centro energético y vital del organismo, punto de intersección entre inteligencia y vida.

Luego de unos minutos de práctica vas comprobando cómo la respiración se equilibra por sí misma, las tensiones se disipan y los pensamientos se aquietan. Luego de varios días, estas sensaciones se van incorporando a nuestra experiencia de vida y después de varias semanas muchas de las situaciones que antes te parecían conflictivas, insoportables y estresantes, las experimentamos de manera desprevenida, sin tensión de nuestra parte.

En poco tiempo, nuestro ser interno nos irá sanando y lograremos la meta de cualquier práctica terapéutica que es la de recuperar nuestra capacidad para amar y trabajar.

Entonces recuérdate, "mi paz es más importante, voy a encontrar ese lugar y lo voy a amar para que todo el miedo grabado se pueda disolver". Repite cada vez que te acuerdes de volver a la conciencia la expresión *"yo soy paz"* y concéntrate un instante en tu corazón. *"Yo soy paz"*. Aquí la palabra paz es un potente comando para activar este lugar interior.

Yo soy es una expresión utilizada en varias culturas y tradiciones místicas, como la egipcia, caldea, hebrea e incluso en los pueblos amerindios, para conectar con el ser interno, recordar nuestra verdadera identidad y romper las máscaras del ego.

Los lenguajes de programación de software llaman palabras reservadas del lenguaje a aquellas que tienen un uso determinado para el lenguaje y, por lo tanto, no pueden ser usadas de nuevo, durante la elaboración de nuevo código para nombrar nuevos elementos .Son como una clave, comando u orden que genera alguna operación específica, que el sistema procesa con ese mismo propósito o significado, cada vez que se activa.

La expresión *"yo soy"*, opera de manera similar en nuestro sistema interno, activando ciertos tipos de energía, conectando con nuestra esencia divina. Activa procesos internos, por eso es parte del comando que empleamos en esta metodología y que está presente en muchos métodos de expansión de la conciencia.

En el capítulo anterior hablamos de la falsa idea del ego de identificarnos con algo que puede ser ilusorio. Los comandos que trabajamos en esta parte tratan de ayudarnos a romper con esa falsa creación del *yo soy* que creemos todos los días ser. El fin es conectarnos con algo más permanente, con la realidad de encontrarnos con nuestro yo energético.

Algunas tradiciones esotéricas sostienen que cada vez que dices *"Yo soy"* la Sustancia Única de la cual Dios formó el cielo y la tierra, se pone en movimiento. Y que esta Sustancia Única obedece constantemente al pensamiento.

Cuando afirmas *"Yo soy"*, se moviliza la Sustancia Única de la cual el Creador formó el cielo y la tierra, obrando sobre esta Luz y haciendo a la Naturaleza sumisa a las modificaciones de la Inteligencia.

Un tipo de energía tan poderosa es la que necesitamos para abrir los centros energéticos del cuerpo sutil y conducirlo a niveles de vibración superior. Por esto es tan importante comprender este elemento de la técnica.

Como en todas las claves del método sintético, se pretende conectar e identificarnos con las cualidades de una realidad de energía transpersonal.

Empezamos con el sentimiento de paz, que además de ser un estado interno de tranquilidad y quietud, es también una cualidad del ambiente que nos rodea y va hasta fronteras multidimensionales. La paz no está encarnada en nadie o algo, sin embargo está presente como potencia en todo lo existente.

La paz es un estado interior desprovisto de sentimientos negativos como el odio o la furia. Alguien en paz está tranquilo consigo mismo y con los demás. Esto también es una sensación física. El cuerpo puede sentir las sensaciones de calma, paz y tranquilidad. Esto a su vez repercutirá en las respuestas neuroquímicas y hormonales del organismo. De este modo empezamos a eliminar las toxinas del estrés, reemplazándolas con los neurotransmisores generados por la práctica de este ejercicio.

Tal estado de ánimo positivo es deseado tanto para uno mismo como para los demás, hasta el punto de convertirse en un propósito o meta de vida. Por tal motivo está en el origen etimológico de los saludos: *shalom* en hebreo y *salam* en árabe que significa «paz» o «la paz esté contigo o con vosotros», y también se emplean como despedida, significando entonces *ve en paz* o *id en paz*; en cambio, *salve*, el saludo latino, es un deseo de salud, concepto también muy relacionado. El saludo de paz o beso de la paz es una parte de la misa en que los asistentes «se dan la paz».

También es importante desear que todos los seres estén en paz, si cada ser del Universo esté en paz consigo mismo es más posible la felicidad de todos. Al desear emociones positivas recibimos igual o mayor cantidad de buenas vibraciones, por la ley de correspondencia.

En el *I Ching*, lo opuesto a la paz es el estancamiento. Simbólicamente, esto indica que la paz no es un absoluto, sino una búsqueda permanente. Y además, indica que el conflicto no es lo opuesto a la paz. Este es solo un requisito para la paz, transformar el conflicto, no suprimirlo, es ahora nuestra labor. Las gestiones no-violentas encarnan este trámite de transformación pacífica del conflicto.

Cuando se disfruta plenamente del estado presente, se entiende el porqué de la lucha de contrarios y que la paz es resultado de una síntesis que integra ambos aspectos de una contradicción de manera armónica, sin destruirlos pero transformándolos. Estar en paz es haber integrado las contradicciones internas y asimilado dichas tensiones, dando como resultado una conciencia dispuesta a afrontar con alegría y tranquilidad los desafíos del diario vivir.

Segundo neurocódigo para procesar el estrés:

Uno no alcanza la iluminación fantaseando sobre la luz, sino haciendo consciente la oscuridad... lo que no se hace consciente se manifiesta en nuestras vidas como destino.

- Jung

Soy Luz.

Luego de un mínimo de cinco minutos de practicar la  primera clave del método sintético de integración de la consciencia, podemos proseguir con la segunda clave que se describe a continuación.

Llevando toda nuestra atención al frente del entrecejo, imaginamos una estrella brillante y decimos la frase "Soy luz". Mantenemos la atención en el espacio vacío que hay a unos diez a veinte centímetros al frente de los ojos, durante algunos instantes, y como en la clave anterior, soltamos la atención, y repetirlo cada vez que retornen los pensamientos y sea necesario volver a generar ese espacio de silencio interno, provocándolo de manera natural, sin sofocar el flujo de pensamientos.

En esa oscuridad podremos percibir destellos de luz o partículas luminosas. Algunos verán otras figuras, incluyendo soles y estrellas, otros no verán nada. Estas imágenes pueden aparecer desde el primer momento o pueden manifestarse luego de semanas o meses de práctica. Esto varía de persona a persona, pero incluso en la más rotunda oscuridad podremos percibir de manera intuitiva cómo fluye la energía al frente nuestro.

Nos identificamos con esa luz que resplandece en nuestro interior y compone todo el Universo visible y de la cual fuimos creados.

Nos conectamos con sus cualidades. Mientras, sentimos como las tensiones se van soltando y los nudos de cada músculo se deshacen. A nivel interno, no hay pensamientos, solo luz y sonido. Ambas son las cualidades básicas de la energía que percibimos.

Te deleitas por algunos minutos en esta sensación de liviandad que te trae el identificarse con la luz. Eres energía sutil y de tal manera asumes los eventos del diario vivir.

La luz es energía, es información y conciencia. Y todo eso es lo que somos en nuestro interior.

Entonces a nivel interno solo somos energía. Energía en estado puro, a instantes de manifestarse. La energía no se crea ni se destruye, solo se transforma. Y esta es la potencia sanadora que tiene nuestra consciencia. Pero luego de una identificación plena con la luz interna, vemos q esta surge por si sola desde dentro nuestro y nos transforma plenamente. Al adquirir las cualidades interpersonales de la energía, nos volvemos potencia sanadora.

En el lenguaje popular, la luz es un sinónimo de energía. Por ejemplo, cuando cortan la corriente decimos, se fue la luz.

En los evangelios esta palabra aparece en varias ocasiones donde Jesús mismo nos enseña a interiorizar que tanto él como nosotros somos en última instancia luz. Y quien sigue esta luz encontrará la libertad.

En mi concepto esta es una de las enseñanzas fundamentales de toda la espiritualidad y es que al identificarnos plenamente con la luz y la energía, rompemos con la falsa idea de que somos un cuerpo y un ente individual, que relacionamos con nuestro ego.

Cuando decimos "yo soy Luz" obramos sobre esta

Luz, y por su medio, sobre toda la naturaleza, sumisa a las modificaciones de la Inteligencia. De esta manera también logramos actualizar nuestra energía interna, de un modo semejante a como se resetea un ordenador. Tal como fue escrito: "Que la Luz sea hecha" y el fluido y la vibración se pusieron en movimiento.

Se trata de irte diciendo eso con mucha calma pero con mucha claridad y con mucha sinceridad. Al igual que en la técnica anterior, además de estas frases "llave", o comandos, estás usando otros tres elementos que nos van a permitir ir a lo más profundo de nuestro ser y activar las ondas cerebrales responsables de la sanación y bienestar emocional.

A todo esto le damos la fuerza del símbolo, que nos dará el plus de energía extra que se requiere para abrir el centro emocional del entrecejo, usted puede emplear el símbolo que más considere que se relaciona con la luz, puede ser la imagen de Jesús, del sol, lo que usted se sientan conexión, en este ejemplo pusimos una estrella, que es muy poderoso.

De este modo, También estamos conectando con energía de nivel superior, que nos ayuda a subir las vibraciones de nuestro cuerpo energético, al tiempo que removemos los bloqueos emocionales y limpiamos el sistema nervioso central.

Después de estos instantes de concentración, vuelves

a tus actividades diarias con mayor energía, gusto y motivación, gracias al efecto reparador de esta práctica.

Si las estás haciendo por la noche, puedes entrar en el sueño fácilmente con su ayuda y al día siguiente enfrentare más fresco y relajados a sus acontecimientos.

Actitudes básicas para aumentar la energía vital.

El que toma medicinas y descuida la dieta, malgasta la habilidad de sus doctores.

-Proverbio Chino.

Para comenzar partiremos del supuesto de que la condición natural del ser humano es vivir sin estrés destructivo, un recién nacido no lo padece, sólo vivencia por momentos el estrés natural de supervivencia.

Luego de que empiece su relación con los seres humanos y con su entorno; es susceptible de padecer tensiones y algún tipo de acumulación de estrés. A partir de ese momento es como una esponja que guarda en muchos rincones de su cuerpo, recuerdos y emociones que se acumulan y se estancan; generando tensión y malestar.

En el capítulo anterior se habló del hombre

equilibrado y de la relación de nuestras actitudes de vida con la salud mental. Vamos a profundizar en esto, indicando actitudes que nos pueden ayudar a encontrar el camino hacia nuestra paz interior. Estas actitudes o principios deben acompañar cualquiera de las técnicas que se aconsejan en este libro, para facilitarles su influencia en el proceso de sanación integral.

De ahí que la mayoría de corrientes filosóficas y doctrinas religiosas hayan propuesto un modo de corrección de la conducta por vías éticas o morales y estilos de vida más austeros y naturales.

Proponen, que llevar una vida honesta y en armonía con nuestra verdad, es una fuente infinita de vitalidad. Sin la obligación de asumir una tendencia filosófica o religiosa, se puede alcanzar una autorreflexión sobre los propios actos y entender cómo estos nos generan malestar, o nos involucran en conflictos que nos demandan atención y consumo de fuerza vital. Esto ya lo has sentido tras la práctica diaria de la primera técnica de reparación emocional que te enseñamos al final del primer capítulo.

Desde el inicio de la obra hemos resaltado la

necesidad de acompañar las técnicas y ejercicios enseñados en este texto, con un cambio de hábitos y actitudes, pues de estos va a depender que los efectos terapéuticos de las prácticas sean más profundos y duraderos. Por ello vamos a ampliar este tema señalando actitudes que adquirirás a medida que avances en la práctica del método y que serán las que en definitiva van a propiciar las condiciones para ese cambio en tu ser y sus beneficios en tu salud y armonía con el entorno.

Como verás, muchas de estas actitudes son mentales o modos de reaccionar ante situaciones cotidianas, modos de asumir las relaciones con los otros y con las cosas. También se relacionan con el modo como nos percibimos y nos relacionamos con nosotros mismos, con las explicaciones que nos damos para hacer o no hacer las cosas.

El ahorro de energía que trae una conducta moderada, ayuda a equilibrar estas reacciones, lo que nos permite de modo simultáneo sentirnos mejor con nosotros mismos y entender estas maneras de liberar las ataduras de la mente a la generación de emociones y actitudes destructivas.

Cada una de las siguientes recomendaciones ayuda a este propósito de ahorrar energía, que malgastamos cotidianamente en hábitos y actitudes que nos debilitan. También verás que algunas de estas actitudes recomendadas se relacionan con la forma de practicar las técnicas que te enseñamos en este libro, y son un complemento para éstas que a su vez, pero con la práctica constante, irás comprendiendo con mayor profundidad su interrelación.

Como se estuvo diciendo en el capítulo anterior: hacer de nuestra vida una obra de equilibrio. La misma palabra arte es sinónimo de equilibrio, armonía, estética, belleza. Hacer de tu vida una obra de arte, o tal vez un arte, consiste en saber utilizar sabiamente los elementos que la constituyen y a partir de allí gestar expresiones distintas del mismo ser.

Los filósofos han hablado mucho del camino de la sabia conducta, o el "ethos" o la senda de la virtud. A este tipo de comportamiento ético o moral, le reconocen un estado de plenitud y realización personal para quien lo sigue. Como si el exceso de energía que se deja de perder en conductas excesivas y desviadas fuera fuente de emociones más sublimes y saludables.

Así como tener dinero ahorrado trae tranquilidad, el desarrollo de valores morales trae satisfacción consigo mismo. El ejercicio de una vida equilibrada trae un ahorro de energía, que va a beneficiar mucho el fortalecimiento del sistema nervioso, y el inmune, con una consiguiente mejora en nuestra salud y disfrute de la vida.

La integración de la conciencia implica iniciar una modificación de hábitos de vida, a fin de romper patrones de conducta enfermizos y por ende desgastantes. Este proceso deja libre una cantidad enorme de energía que puede usarse en lo que se desee, ya sea esto fortalecer un propósito o misión en la vida, crecimiento espiritual o en caso contrario esta energía deviene en maldad y enfermedad.

Entonces, luego de esta necesaria introducción teórica y con la disposición de empezar un viaje de sanación interior, los invito a leer las siguientes recomendaciones sobre actitudes mentales que nos pueden aportar mucha energía vital, en nuestro día a día y así facilitar cualquier proceso de sanación interior.

Tome nota de estas y otras recomendaciones previas a la práctica que contribuyen a que las técnicas en sí sean aprovechadas y más productivas.

Aprender a soltar:

"La felicidad y la libertad comienzan con la clara comprensión de un principio: algunas cosas están bajo nuestro control y otras no. Sólo tras haber aprendido a distinguir entre lo que podemos controlar y lo que no, serán posibles la tranquilidad interior y la eficacia exterior." Epicteto (manual de vida)

La necesidad irracional de tener el control es una fuente importante de tensión y frustración, que conducen al agotamiento físico y mental. El mero hecho de controlar ya es un ejercicio de tensión, y a pesar de esto solemos hacerlo casi de manera constante.

Estamos en una sociedad hiper-controladora,

tenemos muchos ojos vigilándonos y nosotros los tenemos puestos sobre muchas cosas y personas. Quisiéramos tener un control remoto para todo y para todos. Pero la realidad es que son infinitas las cosas sobre las que no tenemos poder. No todo resulta como queremos, y casi nadie se comporta según nuestros deseos, incluso nuestros ideales hacia el mundo suelen ser golpeados por noticias adversas sobre la actitud humana.

No se puede controlar realmente nada alrededor para evitar que sucedan las cosas que tememos. Todos tenemos una serie de asuntos que nos preocupan y creemos de nuestra incumbencia, además creemos de nuestra responsabilidad el que sucedan de algún modo u otro. Estas preocupaciones pueden ser de muy distinta naturaleza, yendo desde la salud o el trabajo, a la situación económica del país o el futuro laboral de nuestros hijos, entre otras. Y esta mera preocupación es fuente de temores, angustia y tensión. Pero como esto sucede de manera espontánea, lo importante es que aprendamos a no sufrir por estos pensamientos.

La actitud controladora ocurre, quizá, porque es la

mejor manera que tenemos de sentirnos seguros. La incertidumbre es un fenómeno que provoca ansiedad y el miedo al fracaso una fuente de infelicidad. Por eso, lejos de enfadarse y sentir frustración, ¿por qué no aprender a aceptarlo y fluir con ello?

A medida que permitimos a las personas ser como son y evitamos caer en la trampa de querer controlar toda situación, un caudal de libertad energética inunda nuestra mente, dando un fuerte impulso a la expansión de la conciencia.

Por eso, esta actitud de aprender a soltar está en la base de estas primeras técnicas que te enseñamos. De hecho en la metodología que presentamos al final del libro va a aprender a soltar la atención al final de cada ejercicio para lograr su potencial pleno.

Aprender a fluir puede marcar una diferencia inmensa en el curso que tomen nuestros planes y proyectos. Soltar no equivale a quedarse quieto ni desistir, sino a hacer lo que nos corresponde con total desapego, mientras sembramos una semilla que, en algún momento (y no necesariamente cuando nosotros lo queramos), dará sus frutos.

Entonces, si estás en uno de esos ataques de control, 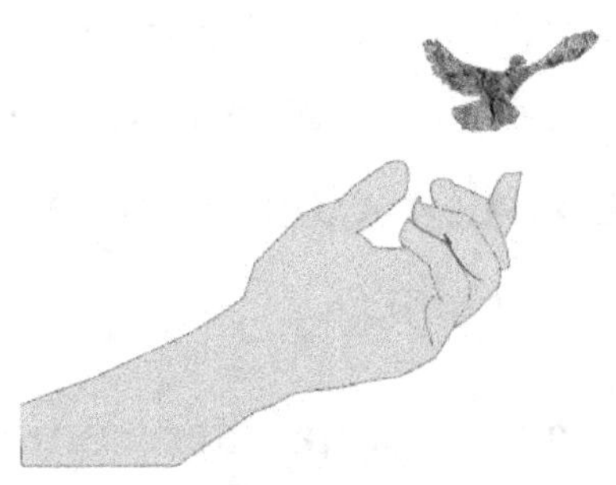 es importante que tomes conciencia del daño que esto provoca a tu estabilidad emocional, necesitas parar e integrarte con tu ser interno. Si tú practicas las claves del método sintético o cualquier otra técnica de integración de la consciencia, puedes aplicar alguna de estas técnicas de estas recomendaciones en esos momentos de angustia o temor. Si no lo puedes hacer, el hecho de tener la intención de conectarte, de ir más allá del automático, será muy bueno para ti, para tu salud y para tu sentir, porque a nivel inconsciente estás eligiendo un cambio.

De este modo, al aprender a soltar la angustia y la preocupación, empiezas a tener mayor libertad para visualizar tu vida y a ti mismo como un río. Luego puedes lanzarte al flujo natural de las cosas, vas en tu bote, disfrutando del paisaje y decidiendo hacia dónde vas, pero al mismo tiempo permitiendo que la corriente te lleve.

El filósofo estoico Epicteto, en su "manual de vida", continúa así:

"Si pensamos que podemos llevar las riendas de cosas que por naturaleza escapan a nuestro control, o si intentamos adoptar los asuntos de otros como propios, nuestros esfuerzos se verán desbaratados y nos convertiremos en personas frustradas, ansiosas y criticonas".

Por eso es importante aprender a aceptar aquello que está fuera de nuestro control y poner nuestra energía en aquello sobre lo que sí podemos influir. Así nos abrimos a descubrir la gran cantidad de maravillas que pueden suceder cuando dejamos de querer controlar todo lo que nos sucede, porque a veces la vida misma tiene mejores planes de los que hemos previsto.

Soltar equivale a vivir con alegría y tranquilidad, a hacer lo que nos corresponde del mejor modo posible. Luego con total abandono esperamos el retorno de los milagros que la vida nos regale.

Por esto decía Buda que el deseo es la causa del sufrimiento y enseñó a calmar la mente por medio de la respiración, de la postura por medio de la ética, pausar la mente y a calmarse la relajación es un paso para nosotros los occidentales de pronto para otras culturas sea más fácil ir directamente a la quietud reconsiderando el temperamento de cada persona.

Aprender a perdonarnos.

El perdón no cambia el pasado pero mejora el futuro.-Paul Boese.

Constantemente nos estamos reprochando por cosas que hicimos o no hicimos. Nos culpamos diariamente por nuestro historial de errores y fracasos. Estos reproches se repiten en nuestra mente, como una letanía de autocastigo que nos mortifica sin final, constituyendo gran parte de nuestro diálogo interno.

Errar es humano, de hecho cometer errores es parte fundamental en el aprendizaje emocional. No existe quien no cometa fallos. Sin embargo nos culpamos continua y cruelmente como si fuéramos la peor persona que existe. Cada día ocurren situaciones que ponen a prueba nuestras emociones y capacidad de obrar de la manera adecuada de modo inmediato. Luego de esto nos mortificamos porque nuestro proceder no fue el más reflexivo y oportuno, conformando puntos negros en nuestra consciencia, que nos roban paz y tranquilidad.

Si estas sensaciones de malestar, enfado con uno mismo no son atacadas desde dentro, corremos el riesgo de añadir un centímetro más de grosor a nuestra coraza emocional.

Saber entender y aceptar nuestros errores se convierte en un gran paso para poder subir nuestra autoestima y para poder ser más felices. Al reconciliarnos con nosotros mismos y con el todo, estamos libres de cualquier prejuicio, silenciamos nuestro ruido interno, el del mundo exterior, y podemos percibir de manera objetiva cualidades de la materia que ordinariamente se escapan de nuestros sentidos.

Perdonarse a sí mismo puede ser mucho más difícil que perdonar a alguien más. Al tener un sentimiento de culpa por algún evento del pasado, cargas un exceso de negatividad que te socava, puede causar una infelicidad penetrante e interminable. Perdonarse a sí mismo es un acto importante para seguir adelante y liberarse del pasado. También es una manera de proteger tu salud y bienestar general.

Cuando perdonamos nos liberamos de una gran carga emocional que traemos sobre nuestros hombros y que nos impide disfrutar de la vida. No perdonamos para beneficiar al otro, perdonamos para liberarnos a nosotros y poder tener una vida mejor.

Es importante aprender de nuestros errores pero no es nada bueno obsesionarnos con ellos y traerlos continuamente al presente. Para conseguir subir nuestra autoestima, es muy importante que después de haber aprendido de nuestros errores, sepamos dejarlos atrás, perdonarnos y seguir adelante con nuestras vidas.

Por ello ayuda tanto perdonarnos a nosotros mismos, sanar nuestras culpas y remordimientos. El perdón tiene una capacidad enorme para liberar los bloqueos emocionales y por ende facilita la circulación de esta energía.

Luego de un proceso de sanción a partir del perdón, el amor propio y el merecimiento; la conciencia adquiere un nivel de expansión sanadora e integradora del ser. Al reconciliarnos con nuestra fuerza vital, se encuentra el camino de regreso hacia nuestro verdadero ser. Después de esto es posible hallar la paz del silencio interno.

"¿Quieres ser feliz por un instante? Véngate;

¿quiere ser feliz para siempre? Perdona". Anónimo

Bajar nuestras defensas:

El que vive en armonía consigo mismo vive en armonía con el universo

-Marco Aurelio.

Ya vimos que el estrés está asociado al sistema "huida-ataque" y se torna nocivo cuando dicho sistema permanece activo, generando un estado de alerta permanente. Dicho estado de alerta, consume mucha energía, sin necesidad.

Estamos a la defensiva permanente. Algún comentario, una mirada o un desaire, entre otros, activan nuestras reacciones de protección. Nuestro cerebro "reptiliano", da respuesta automática y rápida, lo que a largo plazo genera un desgaste emocional, desfavorable.

Así pues, al bajar nuestras defensas y disminuir el estado de alerta, nos permitirnos ser vulnerables ante muchas cosas que percibimos como amenazas, ahorramos esta energía y cultivamos paz en nuestra vida.

Gran cantidad de situaciones que consideramos peligrosas son proyección de nuestros temores e imperfecciones. Son eventos imaginarios que consumen energía real, de ahí que generen una especie de adicción de la mente, pues conducen a alguna forma de descarga. Pero como toda adicción o salida fracasada de energía, genera desgaste del organismo y por ende tensión nerviosa.

También he mostrado a lo largo de este libro, que como vivimos a la defensiva, creemos que todo el mundo está en contra nuestro y por eso tenemos una reacción para todo. Creemos que los demás nos están juzgando y esto activa nuestras alarmas; por eso tenemos una excusa para todo.

Liberarnos del miedo es la fuente de poder que nos ayuda a enfrentarnos al mundo real y comprobar que no corremos tanto peligro como creemos. Podemos triunfar en nuestros empeños, las personas disfrutan de nuestra presencia. Lo exterior es una proyección de lo interior y eso es lo que vivimos diariamente.

Actuar desde la sinceridad.

Lo contrario del amor no es el odio, sino el miedo.
El miedo es el movimiento fundamental de la autocontracción.

El amor es el sentimiento primordial de la expansión.
Ken Wilber

Ser sinceros con nosotros mismos y expresar nuestra realidad en todo momento, nos ayuda a estar libres de las trampas del ego y las máscaras.

Muchas veces no medimos el alcance de nuestro propio potencial y emprendemos actividades que no nos agradan por quedar bien con otros o sostener la imagen de nosotros mismos.

Si algo no nos gusta debemos expresarlo en el momento oportuno con asertividad. Por ello es tan importante aprender a decir "no".

A menudo el sobrecargarse se debe a que los otros nos dan cada vez más obligaciones y tareas, que frente a la imposibilidad que tenemos de decir "no", las seguimos sumando a nuestras responsabilidades. Por ello recomendamos que, antes de llevar a la sobrecarga, de lo que se trata es de decir "no", reconocer que a veces uno no puede, por más que quiera.

De igual modo están las excusas, que también son una fuente de estrés. Pues todas las noches al acostarnos, damos vueltas sobre todas esas excusas y mentiras que dijimos, pensamos en la cara de quienes nos escucharon, el enojo con quienes no nos creyeron y así hasta lo infinito de nuestro fluir interno, con lo cual se aleja el sueño, aumenta el cansancio y más.

Este es el origen de muchas rumiaciones mentales que nos desvelan o roban la concentración. Pensamos en automático en las cosas que dijimos, a quien se lo dijimos y de qué modo. Sabemos que muchas de estas cosas no son ciertas y por eso siguen presentes en nuestro inconsciente.

Cuando somos sinceros con nosotros mismos y expresamos nuestra verdad, se rompen estos compromisos del ego. Tampoco se crean nuevas situaciones de este tipo que ocupen los delirios de nuestra mente.

Recuerda que aunque te dejes fluir contigo mismo y con los demás, en el fondo siempre tienes la última decisión sobre ti mismo, y que por más extraño que se sienta tu cuerpo con la ansiedad y por más cosas raras que pienses, tú tienes el poder de decidir cómo enfrentar todo eso que te sucede.

Ser como niños:

El arte de vivir reside menos en eliminar nuestros problemas que en crecer con ellos.

-Bernard M. Baruch

Si existiera algo que quisiéramos cambiar en los chicos, en primer lugar deberíamos examinarlo y observar si no es algo que podría ser mejor cambiar en nosotros mismos. Jung

Los niños asumen una actitud desprevenida hacia la vida, no tienen tantas defensas hacia las opiniones de los demás como nosotros. Por eso su comportamiento nos parece más espontáneo y fresco que el nuestro.

Ellos están disfrutando cada momento de la vida. Todo lo asumen con alegría y entusiasmo. No le tiene miedo al fracaso y por eso sus actos surgen desde la espontaneidad.

Estas técnicas ayudan a recuperar y potenciar el estado de ser anterior a los siete años. En esta etapa nuestra conciencia está más despierta y abierta a la contemplación del mundo, oscila sin dificultad entre la fantasía y la realidad exterior; sin embargo, se deja sorprender por cada maravilla que descubre en el

Universo.

Pero también puedes aportar a este proceso asumiendo una actitud desprevenida ante las circunstancias, esto es, bajando las defensas antes los acontecimientos, dejando atrás las máscaras y posturas impuestas. De esta manera, nos permitimos ser vulnerables ante los acontecimientos y la energía que empleamos en defendernos ante los demás y que sostiene nuestra coraza, queda libre para disfrutar más de la vida.

Por algo el evangelio de Jesús plantea en uno de sus más recordados pasajes la afirmación de que para poder entrar al reino del cielo hay que volverse como niños.

Anclarse en el presente:

El secreto de la salud mental y física no es llorar por el pasado, preocuparse por el futuro o anticipar problemas, sino vivir en el momento presente sabiamente.-Buddha.

La ilusión del tiempo aparece relacionada con la sintomatología del estrés. De hecho todos los terapeutas y entrenadores sobre el tema del estrés recomiendan centrarse en el ahora como paso definitivo para erradicar el estrés de nuestra vida.

La mayoría de tensiones surgen de la sensación de urgencia. Creemos que poseemos poco tiempo para cumplir nuestros propósitos, que la vida se va a acabar en cualquier instante y por eso debemos sacarle el máximo provecho a cada segundo de existencia.

Cuando obtenemos cualquier negativa para nuestros caprichos o necesidades, creemos que ya no hay más opciones porque nos queda poco tiempo por vivir.

Nuestra respiración es agitada y entrecortada, señal de que estamos acelerados en nuestro ritmo de vida.

Aprender a vivir es ante todo disfrutar del momento presente, evitando la tendencia de la mente a navegar en el pasado o angustiarse por el futuro.

Esta manía del pensamiento que, además de consumir enormes cantidades de energía vital, y sacarnos de la realidad, nos pone fuera de control. Vivimos sin atender al presente por estar soñando despiertos. Por eso John Lennon decía que "la vida es aquello que nos pasa mientras estamos haciendo otros planes".

También podemos ver una bella metáfora sobre este asunto en "Un cuento de navidad" de Charles Dickens, donde el personaje de Mr. Stragger nos muestra que por estar aferrados al pasado y temiendo al futuro, no aprovechamos el momento presente.

Un autor contemporáneo ha escrito uno de los libros

más bellos sobre este asunto, se trata del bestseller de Paul Eckhard titulado "el poder del ahora". Una obra transformadora que recomiendo leer a todo a quien aprecio. La narrativa, profundidad y sinceridad del escritor lograron dar un cambio intenso en mi vida al igual que los videos de ese autor.

La cualidad de estar presente implica un entrenamiento consciente de la mente. La mayoría de los mecanismos que controlan las funciones psicológicas de la atención son de naturaleza inconsciente, pues la atención en sí es una respuesta automática ante un estímulo.

Si dicha respuesta de atención se encuentra interferida por ensoñaciones del pasado, miedos o planes futuros, problemas laborales, deseos, conversaciones íntimas, chismes, chistes. Lo más seguro es que nos estemos perdiendo de algo de la realidad presente, porque nuestra mente se ha fugado del aquí y ahora.

La manera de empezar a tener conciencia del estado presente y control sobre nuestra atención, está en hacer consciente algunos automatismos inconscientes. Para esto existen muchos métodos y técnicas que en su mayoría están relacionados con algún sistema de meditación o crecimiento espiritual, como las artes marciales, el budismo, el tantra, entre otros. Donde el papel fundamental lo cumple la disciplina en la autobservación, de la que tanto hemos hablado en este libro, y de la cual enseñamos el primer ejercicio práctico al inicio de la obra.

Estos métodos proponen un cambio en el estilo de vida y la asunción de una actitud no violenta. También se pide, en estos, prestar atención a determinadas posturas del cuerpo, la respiración, la relajación y la observación, como base a movimientos o técnicas más avanzadas. Todo ello trae un profundo cambio en los mecanismos inconscientes de la atención, que empiezan a modificar la respuesta a distintas situaciones que ordinariamente podrían llevarnos a perder el control de nosotros mismos.

Recordemos de nuevo los procedimientos de origen médico como la psicoterapia y el psicoanálisis, que comentamos en el apartado de abordajes profundos para el estrés. Tales metodologías se basan en este proceso de autoconocimiento, para la transformación personal.

Ponte la nariz roja

El sentido del humor es un estado filosófico de la mente; parece decir a la naturaleza que no la tomamos más seriamente de lo que ella nos toma a nosotros. William James.

La risoterapia utiliza una técnica para aplicar en el trabajo o en la familia y consiste en ponerse una nariz roja en la oficina todos los empleados o en la casa toda la familia. Y con esta nariz puesta, hacer las actividades cotidianas en esos entornos. Reuniones, tareas, oficios. De esta manera todos estarán viendo la nariz roja del otro y al mismo tiempo verán las de los demás y ser conscientes de lo que ellos ven. Así será difícil tomarnos las situaciones cotidianas de manera personal y le daremos menos importancia a comentarios y situaciones que tomamos de manera personal, nos enojan y nos restan felicidad.

También esto nos prepara para darnos mejores momentos de risa y disfrute. La risa libera endorfinas y dopamina que mejoran el estado de ánimo y equilibra el cortisol en el torrente sanguíneo.

Pero además esta postura ante la vida, nos ayuda a tomarnos menos en serio. Cuando aprendemos a reírnos de nosotros mismos, la rigidez que acompaña nuestras actitudes de seriedad, se empieza a soltar y nos vamos relajando. Podemos utilizar esta metáfora para asumir una actitud ante la vida más despreocupada por lo que nos dicen las demás personas y afrontar todo con buen humor. No es necesario disfrazarse de Clown o payaso para lograrlo, pero si te visualizas desde tu interior portando una nariz roja en todo momento y situación, experimentarás mucho disfrute y menos conflictos te afligen en el día a día.

El ánimo del guerrero:

"Lo más difícil en este mundo es adoptar el ánimo y la actitud de un guerrero. De nada sirve estar triste, quejarse, y creer que alguien nos está haciendo algo negativo. Nadie está haciendo nada, mucho menos a un guerrero."

"Un guerrero no se queja ni se lamenta de nada, no cree que los desafíos sean buenos o malos. Los desafíos son simplemente desafíos."

"Un guerrero no es una hoja a merced del viento. Nadie lo empuja; nadie lo obliga a hacer cosas en contra de sí mismo o de lo que juzga correcto. Un guerrero está entonado para sobrevivir y sobrevive del mejor modo posible".

(Carlos Castaneda "La rueda del tiempo").

El concepto del "ánimo del guerrero" lo leí por primera vez en los textos de Carlos Castaneda quien lo aprehendió del chamanismo Tolteca; sin embargo, este concepto se encuentra en muchas corrientes de sabiduría ancestral. Tal planteamiento nos enseña a afrontar una vida llena de desafíos que se escapan a nuestro control. Si utilizamos la metáfora del guerrero en nuestra vida diaria, podremos afrontar cada reto con mayor naturalidad y obtendremos el máximo de beneficios a partir del uso eficiente de nuestros recursos personales.

Esta mentalidad nos da libertad de acción y nos impulsa a dar lo mejor de nosotros mismos en cada momento. Abandonamos la tendencia a lamentarnos por nuestro destino y hacemos todo lo que podemos por mejorar nuestra situación actual. Así dejamos las fabulaciones y temores.

De este modo nuestra mente estará enfocada en los asuntos fundamentales de la existencia y tendremos energía disponible para asumirlos.

Esto se debe principalmente a que un guerrero sabe que es efímero y que en algún momento dejará de existir. Y al saber que no es inmortal, como lo cree el hombre común, quien pospone todo lo que tiene pendiente, el guerrero disfruta el aquí y el ahora de todo momento, sin desperdiciar un segundo de su valiosa existencia.

Para un guerrero cada día es un desafío, aprende de cada error, por eso no se lamenta del pasado ni teme al futuro. Y al no saber si habrá un mañana, hace lo mejor que puede en el momento presente.

Quien asume esta actitud entiende que de nada sirve estar triste, quejarse, sentirse víctima de injusticias o creer que alguien nos está haciendo algo negativo. Lo cierto es que cuando percibimos con atención la realidad que nos rodea, entendemos lo que le decía Don Juan a Castaneda, que "es difícil que alguien nos esté haciendo algo, y mucho menos a un guerrero".

Conectarte con "tu yo sagrado".

Un guerrero ya no tiene apego a la "imagen de sí mismo", por consumirle ésta demasiado energía, así que su "yo" se vuelve muy "impersonal", fundiéndose con el del espíritu mismo" Carlos Castaneda: **Viaje a Ixtlan**

Las emociones destructivas se equilibran con emociones de naturaleza superior. El contacto con el yo sagrado, propicia la influencia de energías de índole superior relacionadas con el amor cósmico y otras emociones sublimes que generan alegría e integración de nuestros cuerpos sutiles.

El Dr. Dier Wyne escribió un libro titulado "Tu yo sagrado", que propone una instancia superior de la consciencia, que no se había tratado en la psicología académica. El planteamiento principal de esta obra radica en que tenemos un yo sublime, hecho con la materia de lo sagrado, que está ahí, debajo de la superficie, presto a ser conocido en cuanto se dominen las claves de una conciencia superior.

En dicha obra se conceptualiza un elemento fundamental para el funcionamiento de las distintas técnicas de integración de la conciencia, incluyendo la meditación y los neurocódigos descritos en esta obra.

Y es entrar en contacto con esa energía de orden superior que tenemos en nuestro interior y que es una chispa de lo divino.

Toda práctica que conlleve un cambio de vida requiere una base de buena literatura que fortalezca las creencias que dicho cambio requiere. Por eso siempre me gusta recomendar libros o películas a todas las personas que conozco y que buscan ese cambio. Otros libros que yo conozca, que debe leer alguien que quiera vivir sin estrés son "El poder del ahora" de Paul Eckar, de lo que hablamos en el apartado de anclados en el tiempo, Stephen Covey, en su sensacional libro *Los 7 hábitos de la gente altamente efectiva* nos habla del *Círculo de Preocupación* y el *Círculo de influencia.*, de cómo eliminar los elementos que nos dificultan alcanzar nuestros logros personales, "Desestrésate" de Santiago Rojas y "Eliminar el estrés" de Brian Wies.

En todos estos libros encontrarás descripción de hábitos e instrucciones precisas para mejorar tu vida en el día a día. Coinciden en señalar la importancia de conectarse con una fuerza trascendente que todos los humanos intuimos como superior a toda la creación y que posee la fuerza capaz de devolvernos la vitalidad perdida por la falta de conciencia, y nos puede llegar a curar de cuantas dolencias nos afecten.

También tienen esta intención, técnicas más prácticas como la meditación y demás métodos de integración y exploración de la consciencia.

En los estados contemplativos la mente baja sus

defensas y permite por algún espacio de tiempo que se diluya el ser interno con la mente superior mientras se va adquiriendo consciencia de ello. Este tipo de estados se proponen en este libro como estados supremamente sanadores, generadores de sensaciones de plenitud, armonía y bienestar.

Matar Mortificaciones.

La culpa siempre esta hambrienta, no dejes que te consuma.

-Terri Guillemets.

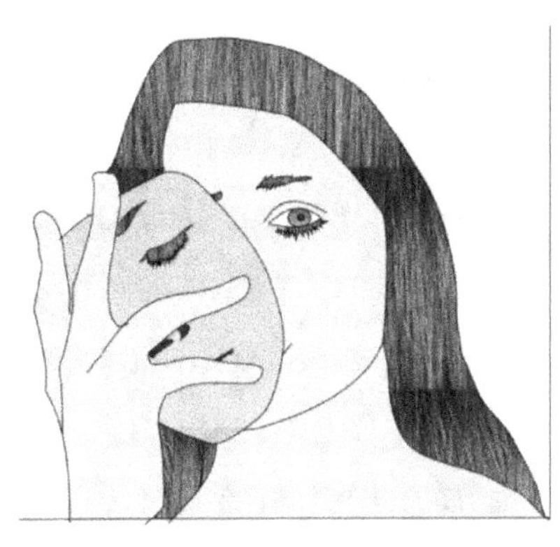

Otro aspecto muy importante es el trabajo con nuestras culpas y mortificaciones. Gran cantidad de energía mental, se ocupa en remordimientos por cosas que hicimos en el pasado o que no logramos hacer. También nos preocupamos mucho por ciertos compromisos o actividades en que nos involucramos, aun sabiendo que no podríamos cumplirlas, solo por el temor a decir que no en el momento oportuno.

Nuestra personalidad se resiste fieramente al cambio. De ahí que las técnicas más efectivas para inducir el cambio son de índole indirecta, porque un ataque frontal hacia nosotros mismos genera mayor tensión, frustración y excepcionales resultados positivos.

Si nos imponemos el cambio de actitudes y pensamientos de manera férrea puede ser un acto de violencia hacia nosotros mismos, pero si lo inducimos con un procedimiento que actúa con las características de nuestro propio sistema interno, con la misma dinámica que operan los pensamientos y las emociones, el resultado puede ser más favorable y aceptado por nuestro ser.

En el tema específico de sanación de los efectos destructivos del exceso de estrés, además del cambio de actitudes y asimilación de un estilo de vida saludable, el cambio debe partir del pensamiento que es la función en la que se manifiestan y desarrollan los síntomas principales del estrés. Adoptar un sistema de entrenamiento y aquietamiento del pensamiento es indispensable con adecuada actividad física, para lograr la calma mental y emocional. Es después que podemos hallar espacios de silencio y quietud en nuestro pensamiento.

Cuando nos permitimos parar un momento y

disfrutamos del entorno, percibimos algo de la belleza que rodea el mundo que habitamos. Y a medida que aumenta ese monto de silencio y quietud, podremos alcanzar la plena conciencia de ser esto que somos y lo que se es en el momento presente. Percibimos cosas que no hemos descubierto por la limitación artificial de nuestra consciencia actual.

Por ello las técnicas específicas que encontrarás más adelante y en nuestros talleres y seminarios, pretenden ayudarte a generar ese cambio desde el pensamiento hacia el cuerpo y al ser interno, a partir de la propia naturaleza del pensamiento que es sentir y pensar. Así, el mecanismo de sanación propio de su organismo actúa de manera eficiente, sin causar rechazo o la angustia que deviene de la presión auto impuesto.

La energía destructiva del ego.

Precisamente porque el ego, el alma y el Yo (Self) pueden estar presentes al mismo tiempo, no será difícil comprender el sentido verdadero de ausencia del ego – expresión que viene causando inmensa confusión. Ausencia del ego no significa ausencia de un yo (self) funcional (lo cual sería propio de un psicótico y no de un sabio); significa que ya no estamos identificados exclusivamente con aquel yo.

Ken Wilber.

Los seres humanos estamos muy aferrados a nuestra  personalidad. Nos identificamos con esta e ignoramos que sólo es un agregado psicológico, que construimos en nuestra relación con los otros y que nos roba gran parte de nuestra energía vital.

Sin embargo esta identificación del ego, que es algo que no somos realmente, es lo que creemos fieramente ser nosotros mismos.

Personalidad viene del griego "person" y significa máscara. Al despojarnos de ésta, ampliamos nuestra conciencia y cambia nuestra relación con el entorno.

Lacan nos habla de esto en su escrito "El estado del espejo", y lo describe como un yo especular, con el que se identifica el bebé cuando dicen su nombre y lo señala el espejo, identificándose con la imagen que ve allí reflejada y con ese nombre, creyendo que eso es el, una imagen.

Estos bloqueos, en mi concepto, son fragmentos de identificación con algún evento o situación donde el ego se ve directamente comprometido. Muchas de estas situaciones son actitudes, tendencias o características de nuestra personalidad que no nos gusta tener y rechazamos con gran fuerza desde el ser. Por ello recurrimos a algunas máscaras, para escondernos de nosotros mismos. Y como nos engañamos, no conocemos las rutas donde se encuentran estos bloqueos emocionales.

Hacemos uso de algunas máscaras de lo que quizá no queremos reconocer de nosotros mismos. Y cargamos con más cosas de las que podemos, en parte por miedo a aceptar algo de lo que no somos.

Aquí entra en juego aceptar nuestra propia verdad. Cuando la realidad entra en conflicto con nuestro ego o sus creaciones, le damos una interpretación que se ajuste a nuestras creencias e intereses, llevándonos fácilmente al autoengaño.

Permitirnos ser lo que somos, abre canales para la circulación de la energía interna. Aunque se trata de aceptar que muchas de las situaciones que vivimos las hemos construido nosotros mismos; esto facilita la aceptación del mundo exterior tal cual es.

Ya anotaba Freud que el "narcisismo" es la base de la estructura psicótica de la personalidad. Sería como pequeños destellos paranoicos en donde somos el perseguidor y el perseguido. Jung se refiere a esto como un estado "psicoide" de la personalidad, y Lacan nos habla del tópico lo Imaginario.

CONCLUSIÓN
ESTRÉS Y FELICIDAD.

La felicidad no es una estación a la que llegas, sino una manera de viajar.-Margaret Lee Runbeck

Todos los seres racionales buscamos la felicidad.

Desde la antigüedad los hombres más capaces han dedicado enorme esfuerzo por desentrañar sus misterios. También han hecho hasta lo impensable para mostrarles a sus semejantes el camino hacia ésta. Lo cual indica que encontrarla es un reto enorme para el ser humano.

Las causas de esta dificultad por encontrarla, pueden ser muchas, donde yo me atrevo a decir que se fundamentan en no conocer el camino hacia nuestro interior.

Pero a todo esto se suma un factor de índole más moderno y que hace que sea imposible que el hombre desprevenido de la actualidad llegue al fin de sus días en un estado de plenitud y gozo permanente. Se trata del "estrés", que fue el tema central de esta obra.

Ahora que has llegado al final del libro, espero que tengas elementos para llevar una vida más alegre y tranquila, a partir de poner en práctica los ejercicios y recomendaciones para mejorar tu calidad de vida.

También espero que hayas aprendido a sortear las principales situaciones que te agobian, frustran, irritan y tensionan. Aquellas que te roban capacidad para disfrutar la vida y que a largo plazo son agentes de enfermedades, dolores y fracasos.

Espero sobre todo que comprendieras que estas situaciones no son inevitables y de hecho son una parte fundamental de toda vida y conciencia en desarrollo. Por tanto mi mayor anhelo es que con esta obra se te hayan dado luces sobre cómo podemos vivir sin estrés destructivo, en una realidad que cotidianamente lo genera.

Ahora, mientras avanzas en este camino hacia tu ser interno y profundizas en la erradicación de los fundamentos del estrés y de sus secuelas, te abres a la posibilidad de sensaciones y disfrute de acontecimientos que hasta entonces ignorabas y que están muy cerca de un gozo pleno por vivir, el cual se haya con más facilidad cuando tu mente y corazón están ya libres de la ansiedad y sin la carga de emociones destructivas relacionadas con los síntomas del estrés.

Esto de por sí es un logro que muchos de nuestros contemporáneos no imaginan que se pueda lograr. Sin embargo es solo el inicio de un camino de libertad y bienestar que ha sido experimentado durante milenios por santos místicos, filósofos y hombres con vida social activa, con una práctica constante de introspección y auto sanación.

Hoy es posible verificar sus efectos y aplicarlos a la vida cotidiana, gracias a los avances de la psicología aplicada, las neurociencias contemplativas y muchas disciplinas que desde la antigüedad han buscado el bienestar, la salud y el sentido de vivir del ser humano.

De estos avances se trató la segunda parte del libro que tuvo por objetivo ilustrarte en procedimientos sencillos pero con un poder terapéutico tan profundo que desde la segunda semana de práctica regular notarás los primeros beneficios.

Como se mencionó a lo largo de la obra, al influir positivamente sobre su sistema nervioso y sus pensamientos, unido a la práctica del deporte, una alimentación saludable y un estilo de vida ordenado, se puede cambiar la neuroquímica del organismo por el efecto positivo de los neurotransmisores de la felicidad.

 De modo paralelo un cambio en su entorno se debe generar para disfrutar de sensaciones más agradables en su existencia.

Luego de esto, como ya comenté antes, queda un amplio y maravilloso camino por recorrer. Este te puede llevar a disfrutar, además de estados de gozo y felicidad. De un estado de plenitud y bienestar permanente. y que según dicen los sabios de todas las tradiciones milenarias, es la verdadera misión del ser humano en la tierra : la unificación de nuestra consciencia. Al encuentro con nuestra realidad interna y la trascendencia del ser.

Ya para finalizar te deseo muchos éxitos en este camino que sigues y espero que te hayan sido de utilidad las herramientas presentadas en el libro, y que las pongas en práctica.

Te invito a proseguir en este camino de encuentro y sanación interior, que hará más plena tu vida y satisfacción del momento presente.

Si este libro fue de tu agrado, escribe por favor un comentario en la página de descargas, con esto ayudarás a darle mayor visibilidad a la obra y que más personas puedan conocer este material.

9 781719 854542